눈앞에 벌어지는 실제상황을, 보이는 대로 시뮬레이션하라!

1인칭시점 영어회화 트레이닝

번역 박지용
서강대학교에서 영미문화와 일본학을 복수 전공했다. 일본 요코하마에 있는 환경 벤처기업의 인턴을 거쳐 한국 대기업의 해외영업팀에서 근무하고 있다.

1인칭시점 영어회화 트레이닝 해외여행편

지은이 Nobu Yamada
일러스트 Kajio
펴낸이 정규도
펴낸곳 (주)다락원

초판 1쇄 발행 2019년 1월 2일
초판 2쇄 발행 2022년 3월 2일

책임편집 유나래, 장의연
디자인 All Contents Group

DARAKWON 경기도 파주시 문발로 211
내용문의 (02) 736-2031 내선 523
구입문의 (02)736-2031 내선 250~252
Fax (02) 732-2037
출판 등록 1977년 9월 16일 제406-2008-000007호

값 11,800원
ISBN 978-89-277-0108-8 13740

http://www.darakwon.co.kr
다락원 홈페이지를 방문하시면 상세한 출판정보와 함께 동영상 강좌, MP3자료 등 다양한 어학 정보를 얻으실 수 있습니다.

눈앞에 벌어지는 실제상황을, 보이는 대로 시뮬레이션하라!

1인칭시점
영어회화 트레이닝

Nobu Yamada illustration Kajio

저자와의 학습법 인터뷰

'1인칭 시점 영어회화 트레이닝'이란?

First-person View Speaking Training

Q 영어회화, 왜 어려운가?

A 회화란, 대화한다는 뜻인걸 모르는 사람은 없다. 하지만 우리는 회화를 텍스트 위주로, 그것도 '혼자서' 중얼거리며 공부한다. 그러니 '자신이 하고 싶은 말을 하기 위한', '상대방과 의사소통을 하기 위한' 영어에는 약할 수밖에 없는 것이다. 물론 영어를 정확하게 사용하려면 문법 규칙과 표현을 암기하고, 어려운 퍼즐과도 같은 공식(=구문)도 알아야 한다. 하지만 그것만으로는 다른 사람과 대화하기 위한 스피킹 회로가 충분히 자라날 수 없다. 영어를 공부하는 궁극적인 목표는 결국 **'상대방과 의사소통하기'**이므로 자신이 하고 싶은 말을 영어로 전달하는 훈련이 필요하다.

Q 어떻게 영어회화를 공부하면 좋을까?

A 필요한 상황에서 바로 떠오르는 문장을 말할 수 있어야 한다. 그래서 이 책에서는 **〈그림을 보고 바로 말하는 1인칭 시점 영어회화 트레이닝〉** 방식을 활용하고 있다. 이 책의 가장 큰 특징은 바로 1인칭 시점의 그림이다. **자신이 비디오 카메라를 들고 있는 듯한 1인칭 시점의 그림**을 보면서, 상대방이 바로 눈앞에 있는 것처럼 생생하게 말하기 연습을 할 수 있다. 실제 상황을 마치 게임처럼 시뮬레이션하는 것이다. 대화의 주인공은 바로 '나'다. 그림을 보고 실제로 내 앞에 벌어지고 있는 일이라고 상상하면서 말해 보자. 이런 식으로 반복해서 연습하면 단순히 텍스트만 읽으면서 공부하는 것보다 훨씬 자연스럽게 영어 표현이 입에서 튀어 나올 수 있다.

Q 어떤 소재로 공부하면 좋을까?

A 우리가 영어를 가장 많이 쓰는 상황은 '일상생활'과 '해외여행'일 것이다. 따라서 '1인칭 시점 영어회화 트레이닝' 방식을 적용해 〈일상생활편〉과 〈해외여행편〉, 두 권을 준비했다. 〈일상생활편〉에서는 자기 소개할 때, 인사할 때, 고마움을 표시할 때 등 일상생활에서 쓰는 기본적인 영어 표현을 제시했으며, 〈해외여행편〉에서는 기내식 먹을 때, 택시 탈 때, 쇼핑할 때 등 실제 해외여행에 갔을 때 부딪힐 수 있는 다양한 장면에서 쓰는 영어 표현을 모았다. 이 두 권을 마스터하면 일상생활에서나 해외여행 갈 때 필요한 표현들이 자연스럽게 머리에 입력될 것이다.

Q 영어로 말할 때는 어떤 점에 주의해야 할까?

A 중요한 것은 자연스러운 영어를 쓰는 것이다. 예를 들어 가게의 문 닫는 시간을 물어볼 때 한국어로는 '몇 시까지 하세요?'가 자연스러운 표현이지만, 영어에서는 What time do you close?(당신은 몇 시에 문을 닫나요?)라고 물어본다. 이 책에서는 모든 문장을 자연스러운 구어체로 표현했다. 말풍선 안에 있는 한국어도 구어체로, 주어 같은 것은 빠져 있는 경우가 많다. 이것은 이 책이 목표로 하는 능력이 '한국어를 한 단어씩 정확히 영작하기'가 아니기 때문이다. 이 책이 지향하는 바는 **'상황을 보고 장면에 맞게 주어와 동사를 골라 자연스러운 영어 문장을 구성하는 능력을 기르는 것'**이다. 따라서 한국어를 단어 하나하나 직역하려고 하지 말고 자연스러운 한국어와 영어의 차이에 신경 쓰면서 문장을 만들어 보자. '영어로는 이렇게 간단하게 말해도 되는구나!' 하는 깨달음도 생길 것이다. 이 책을 통해 영어로 하고 싶은 말을 할 수 있는 즐거움, 사람들과 영어로 대화하는 기쁨을 누리길 바란다.

책 사용법

그림을 보고 시뮬레이션하라

STEP 1 그림을 보면서 실제 상황이라고 생각하고 해당되는 영어 문장을 말해 본다.

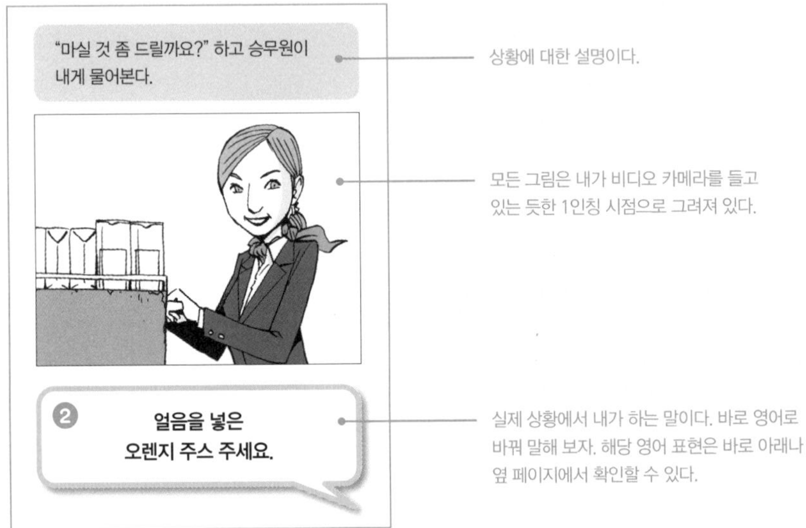

STEP 2 영어로 뭐라고 하는지 확인한 후, 해설을 보면서 관련 표현도 함께 익힌다.

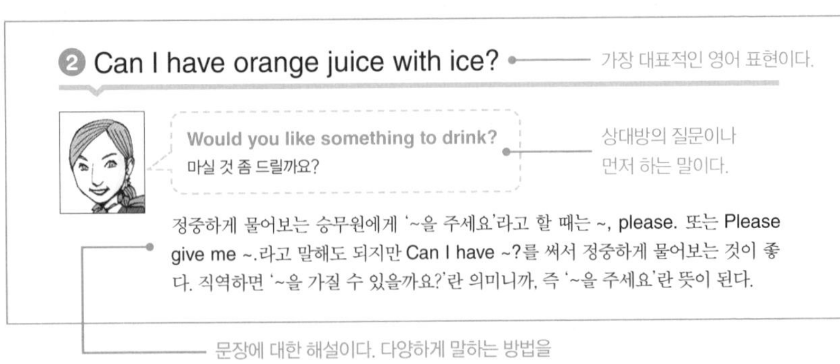

STEP 3 특별부록에서 그림을 보면서 복습한다.

1인칭시점 MP3 사용법

보다 효과적인 학습을 위해 〈들어보기〉, 〈통역하기〉, 〈훈련하기〉의 3가지 버전의 MP3를 제공한다. 책에 나온 QR코드를 찍으면 원어민의 생생한 발음을 들을 수 있는 MP3를 바로 이용할 수 있다. 모든 파일은 다락원 홈페이지(darakwon.co.kr)에서도 무료로 다운받을 수 있다.

1. **들어보기** 책에 나오는 영어 문장을 해석 없이 그대로 읽어 준다. 맨 처음에 공부하면서 원어민이 어떻게 발음하는지 궁금할 때 활용하자.
2. **통역하기** 한국어 문장을 먼저 읽고 3~4초 후에 영어 문장을 읽어 준다. 한국어를 듣고 영어로 바꿔 말하는 연습을 해 보자.
3. **훈련하기** 특별부록 '해외여행이 만만해지는 미션 트레이닝'을 연습하면서 활용할 수 있는 MP3이다. 상대의 질문에 대답하는 상황에서는 말풍선 속에 들어간 상대의 발언을 먼저 들려준다.

목차
CONTENTS

기내에서

On a Plane

>>> 미션

비행기를 탄 순간 해외여행은 시작된다!
외국 항공사의 비행기 안, 외국인 승무원이나
다른 승객에게 뭔가를 부탁하거나 요청하라!

>>> 미션 표현 먼저 관련 표현을 챙겨라

- ☐ 담요 **blanket**
- ☐ 헤드폰 **headset**
- ☐ 기내식 **in-flight meal**
- ☐ 비행기 멀미 **airsickness**
- ☐ 도착 시간 **arrival time**
- ☐ 통로석 **aisle seat**
- ☐ 창가석 **window seat**
- ☐ 기내 승무원 **flight [cabin] attendant**
- ☐ (화장실) 사용 중 **occupied**
- ☐ (화장실) 비어 있는 **vacant**
- ☐ 좌석 테이블을 내리다 **pull down the tray table**
- ☐ 좌석 테이블을 올리다 **push back the tray table**
- ☐ 좌석을 뒤로 젖히다 **recline one's seat**
- ☐ 좌석을 세우다 **put one's seat back up**

>>> 미션 전달 다음 상황을 보고 영어로 말하라

헉! 내 자리에 다른 사람이 앉아 있다!

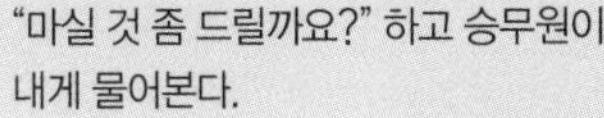

❶ 죄송하지만 거기는 제 자리 같은데요.

❷ 얼음을 넣은 오렌지 주스 주세요.

❶ Excuse me. I think you're sitting in my seat.

I think ~.는 '나는 ~라고 생각합니다, ~인 것 같습니다'라는 의미로, 자신의 주장을 부드럽게 말하고 싶을 때 사용하는 표현이다. 그냥 You're sitting in my seat.이라고 하면 말투에 따라 '거기는 제 자리거든요!'라는 강한 어조의 표현이 될 수도 있다. 굳이 상대방의 기분을 상하게 할 필요는 없으므로 앞에 I think ~를 붙여 말해 보자.

❷ Can I have orange juice with ice?

Would you like something to drink?
마실 것 좀 드릴까요?

정중하게 물어보는 승무원에게 '~을 주세요'라고 할 때는 ~, please. 또는 Please give me ~.라고 말해도 되지만 Can I have ~?를 써서 정중하게 물어보는 것이 좋다. 직역하면 '~을 가질 수 있을까요?'란 의미니까, 즉 '~을 주세요'란 뜻이 된다.

승무원이 다른 사람과 자리를 바꿔 줄 수 있겠냐고 물어본다.

3 괜찮아요.

기내식을 소고기와 닭고기 중에 고르라는 모양이다.

4 닭고기로 주세요.

기내식 시간인 것 같은데 지금은 전혀 배가 안 고프다.

5 식사를 나중에 해도 될까요?

식사가 끝나서 다 먹은 걸 정리해 달라고 하고 싶다.

6 이것 좀 정리해 주실래요?

③ No problem.

Would you mind changing seats with another passenger?
다른 승객 분과 자리를 바꿔도 괜찮으시겠습니까?

Would you mind ~ing?는 '~해도 괜찮겠습니까?'라는 뜻으로, 정중하게 부탁할 때 쓰는 표현이다. mind는 '~을 싫어하다'란 뜻이므로 어떤 일을 해도 상대방이 싫지는 않은지 조심스럽게 물어보는 것이다. 여기에 긍정적으로 답할 때는 No problem. 또는 Sure.를 사용하면 된다.

④ Chicken, please.

Beef or chicken?
소고기와 닭고기 중 뭘 드릴까요?

아무리 영어를 피하고 싶어도 기내식 받을 때만큼은 피할 수 없다. 기내식은 보통 두 가지 메뉴 중 하나를 선택할 수 있는데 fish(생선), pork(돼지고기)가 나오기도 한다. 승무원이 A or B?(A와 B 중 뭘 드릴까요?)로 간단하게 물어보면 메뉴 뒤에 please만 덧붙여서 '~을 주세요'라고 대답하면 된다. 좀 더 정중하게 말하고 싶다면 I'd like chicken, please.라고 말해 보자.

⑤ Can I have my meal later?

'식사'는 meal 대신 food로 표현해도 좋다. 나중에 배가 고프면 Could you bring me my meal? I didn't have one before.(식사를 가져다주실 수 있으세요? 아까 식사를 하지 않아서요.)라고 말하면 된다.

⑥ Can you take this away?

'정리하다'는 어렵게 생각하지 말고 '가지고 가다'라는 의미의 동사 take을 사용하면 된다. 뒤에 away는 있어도 되고 없어도 상관없다. 간단하게 Can you take my tray?(제 식판을 가져가 주시겠어요?)라고 말해도 좋다.

화장실(lavatory)에 가고 싶다. 통로석에 앉은 옆 사람에게 양해를 구하자.

7 죄송한데 잠깐 지나가도 될까요?

옆 사람이 재미있어 보이는 영화를 시청 중이다. 뭘 눌러야 저 영화로 바뀌지?

8 영화를 바꾸려면 어떻게 하면 될까요?

음악을 듣고 싶은데 헤드폰 볼륨을 높여 봐도 소리가 전혀 들리지 않는다.

9 헤드폰이 고장 난 거 같은데요.

BONUS +

착륙 준비가 한창인데, 갑자기 아랫배가 살살 아파온다.

Can I use the lavatory now?
지금 화장실 이용할 수 있어요?

7 Excuse me. May I pass?

그냥 Excuse me.라고만 해도 지나가겠다는 의미는 통하겠지만, 상대방이 좌석 테이블을 내려놓고 있는 경우라면 May I pass?까지 덧붙이는 편이 좋다. 상대방의 허락을 구할 때 쓰는 May I ~?는 '~해도 될까요?'란 의미인데 Can I ~?보다 더욱 정중한 표현이다.

8 How do I change the movie?

방법을 물어볼 때는 의문사 how(어떻게)를 활용하자. 승무원이 아닌 옆 사람에게 물어볼 때는 Do you know how I can change the movie?(어떻게 영화를 바꿀 수 있는지 아세요?) / Could you tell me how I can change the movie?(영화를 바꾸는 법 좀 알려 주실래요?)라고 물어보면 된다.

9 My headset doesn't seem to work.

'헤드폰'은 headphones 또는 headset이라고 하며, '(기계가) 움직이다'라는 의미는 동사 work로 나타낼 수 있다. '(기계가) 고장 났다'는 '(기계가) 움직이지 않는다'라는 뜻이므로 부정형을 써서 doesn't work라고 한다. 한편 '~인 것 같은데요'라고 추측을 나타낼 때는 seem to를 쓴다. 예를 들어 '비디오가 고장 난 것 같아요'는 My video doesn't seem to work.라고 한다.

>>> 미션 힌트 비행기 화장실은 어떻게 이용하면 될까?

비행기에 있는 화장실은 lavatory라고 부른다. 안전을 위해 이착륙 때를 비롯해 안전벨트 표시등에 불이 들어와 있을 때는 사용할 수 없다. 사람이 들어가 문을 잠그면 문 쪽에 occupied(사용 중인)라고 표시되고, 사람이 없을 때는 vacant(비어 있는)라고 표시된다. 볼일을 다 본 후에는 Flush(물 내림) 버튼을 누르면 된다. 난기류 등에 의한 역류를 방지하기 위해 변기에는 물이 없고, 대신 압력차를 이용한 흡입 방식으로 용변을 빨아들인다.

한국을 떠난 지 세 시간, 벌써 한국 소식이 궁금하다.

⑩ 한국 신문 있으세요?

비행기 안이 너무 추워서 감기 걸릴 것 같다. 승무원에게 담요를 부탁하자.

⑪ 담요 한 장 더 주실래요?

승무원이 입국에 관련된 서류를 나눠 주는 것 같은데 나도 받아야 되나?

⑫ 죄송한데, 한국 사람도 그거 필요한가요?

BONUS+

승무원이 나눠 주고 있는 입국신고서를 달라고 하고 싶다.

May I have one, please?
그거 한 장 주실래요?

⑩ Do you have a Korean newspaper?

승무원에게 '~은 있습니까?'라고 필요한 물건에 대해 물어볼 때는 Do you have ~?를 사용해 '~을 가지고 계십니까?'라고 물어보면 된다. 가게에서 점원에게 찾는 물건이 있는지 물어볼 때도 유용하게 쓸 수 있는 패턴이다.

⑪ Can I have another blanket?

How can I help you?
뭘 도와드릴까요?

승무원에게 '~을 좀 주시겠어요?'라고 부탁할 때는 Can I have ~? 패턴을 활용하자. 뒤에 blanket(담요), pillow(베개), earplugs(귀마개), magazine(잡지) 등 기내에서 제공하는 다양한 물품을 넣어 말하면 된다. 참고로 '한 장 더, 한 개 더'는 another로 표현한다.

⑫ Excuse me. Do Korean people need that?

이 뒤에 '그거 한 장 주실래요?'라고 할 때는 May I have one, please?라고 말한다. 서류를 기입하는 방법을 잘 모르겠다면 fill out(서류를 기입하다[채우다])을 써서 Can you tell me how to fill out this form?(이거 어떻게 쓰는지 알려 주실래요?)이라고 물어보면 된다.

>>> 미션 힌트 입국신고서는 어떻게 쓸까?

도착이 가까워져 오면 승무원들이 입국 심사 때 제출할 입국신고서(landing card, arrival card)를 나눠 준다. 나라마다 조금씩 형태가 다른데, 일반적으로 family name/surname/last name(성), first name/given names(이름), birth date(생년월일), nationality(국적), passport number(여권번호) 같은 자신의 신상 정보를 쓰고, length of stay(체류 기간), contact address(연락 가능한 주소), flight number(항공편명) 같은 추가 정보를 기입하면 된다. 이때 내용은 모두 영어 대문자로 기입하는 것이 기본이다. 참고로 미국은 전자여행허가제(ESTA)를 시행하고 있어서 입국신고서를 작성할 필요가 없으며, 베트남이나 마카오처럼 입국신고서를 따로 받지 않는 곳도 있다.

1 **괜찮습니다.**

"마실 것 좀 드릴까요?"라고 승무원이 물어보는데 지금은 목이 안 마르다.

1 I'm fine. Thanks.

승무원: **Something to drink?**
마실 것 좀 드릴까요?

거절할 때는 그냥 No.라고 하지 말고 I'm fine.이라고 하면 부드럽게 들린다. 뒤에 Thanks.를 덧붙이면 더욱 정중한 거절이 된다.

2 **지금 뭐라고 한 건지 좀 알려 주실래요?**

기내 방송으로 기장이 뭐라고 하는데 전혀 못 알아듣겠다. 옆 사람에게 물어보자.

2 Could you tell me what he just said?

상대방에게 뭔가를 알려 달라고 부탁할 때는 Could you tell me ~?로 물어보자. what he just said는 '지금 그 사람이 말한 것'이라는 의미이다.

3 **좌석을 뒤로 젖혀도 괜찮을까요?**

편하게 좌석을 눕히고 자고 싶다. 뒷좌석에 앉은 사람에게 양해를 구하자.

3 Do you mind if I recline my seat?

상대방이 싫어할 만한 일에 대해 허락을 구할 때는 '제가 ~해도 괜찮겠습니까?'라는 뜻의 Do you mind if ~?로 말해 보자. '(의자 등받이를) 뒤로 젖히다'라고 할 때는 recline이란 동사를 쓴다.

④ 이 연결편 시간에 맞출 수 있을까요?

도착이 지연되는 모양이다. 연결편의 항공권을 보여 주며 승무원에게 상담하자.

④ Do you think I can make my connecting flight?

Do you think ~?로 문장을 시작하면 '~일 것 같아요?'라고 상대방의 생각을 부드럽게 물을 수 있다. '(시간을) 맞추다'는 make, '연결편'은 connecting flight라고 한다.

⑤ 자리 좀 바꿀 수 있을까요?

옆 사람들이 너무 시끄럽다. 승무원에게 좌석 변경이 가능한지 물어봐야겠다.

⑤ Can I change seats?

가능성을 물어보는 패턴 Can I ~?와 '바꾸다, 변경하다'라는 뜻의 동사 change를 활용해서 말해 보자. 승무원에게 이렇게 물으면 기내에 빈자리가 있을 경우에는 자리를 변경해 주기도 한다.

⑥ 혹시 아스피린 있어요?

머리가 너무 아프다. 혹시 기내에 마련된 약이 있을까?

⑥ Do you have any aspirin?

Do you have ~?(~이 있나요?)로 기내에 원하는 물품이 있는지 물어볼 수 있다. 두통약이 있는지 물어보고 싶다면 aspirin 대신 medicine for a headache을 넣어 말해 보자.

공항에서

At an Airport

>>> 미션

비행기를 타기 전, 항공사 카운터에 가서 탑승 수속을 밟고 짐을 부쳐라! 공항에 도착한 후, 입국 심사를 받고 세관과 짐 찾는 곳에서 공항 직원과 대화하라!

>>> 미션 표현 먼저 관련 표현을 챙겨라

- ☐ 출국, 탑승 **embarkation**
- ☐ 입국 **disembarkation**
- ☐ 출입국 관리 **immigration**
- ☐ 세관 **customs**
- ☐ 보안검색대 **security check**
- ☐ 탑승권 **boarding pass**
- ☐ 탑승구 **boarding gate**
- ☐ 금속 탐지기 **metal detector**
- ☐ 금속류 **metal items**
- ☐ 액체류 **liquids**
- ☐ 정시 도착/출발 **on time**
- ☐ 지연 **delay**
- ☐ 수하물 찾는 곳 **baggage claim (area)**
- ☐ 수하물 표 **baggage claim tag**
- ☐ 기내 수하물 **carry-on baggage [luggage]**
- ☐ 위탁 수하물 **checked baggage [luggage]**

>>> 미션 전달 다음 상황을 보고 영어로 말하라

탑승 수속(check-in)을 밟는데, 창가석과 통로석 중 어떤 자리가 좋은지 물어본다.

탑승 수속 창구(check-in counter)에서 부칠 짐이 있는지 물어본다.

① 통로석으로 해 주세요.

② 하나 부칠 거예요.

① I'd like an aisle seat.

Window or aisle?
창가석과 통로석 중 어디로 드릴까요?

체크인 카운터 직원이 Would you like a window seat or an aisle seat?이라는 긴 질문 대신 Window or aisle?이라고 간결하게 질문하는 경우가 많다. '~을 원하다'를 정중하게 말하는 I'd like ~.으로 원하는 자리를 말하면 된다.

② I'd like to check one item.

Any baggage to check? 부칠 짐이 있으세요?

비행기를 탈 때 '짐을 부치다'는 check (in)이라고 표현한다. 따로 부칠 짐이 없으면 I have no baggage to check.이라고 말하면 된다.

짐이 좀 큰데, 기내에 들고 타도 괜찮을까?

③ 이거 기내에 들고 가도 되나요?

부치려고 했던 짐이 중량 초과라고 한다.

④ 기내용 수하물에 물건을 조금만 옮겨 담을게요.

참! 마일리지 쌓는 것도 잊어서는 안 되지!

⑤ 마일리지 적립해 주시겠어요?

늦잠을 잘 줄이야! 예정된 항공편 시간에 늦어서 비행기를 놓치고 말았다.

⑥ 다른 항공편으로 변경해 주실 수 있을까요?

③ Can I carry this onto the plane?

허락을 구할 때는 Can I ~?의 형태로 물어보자. '들고 가다'는 동사 carry 또는 bring을 쓰면 된다. 한편 '기내에, 기내로'라고 할 때는 이동을 나타내는 동사와 함께 쓰여 '~(위)에, ~(위)로'라는 뜻을 나타내는 전치사 onto를 활용한다. 항공사마다 기내용 수하물의 크기가 제한되어 있으므로 비행기를 타기 전에 위처럼 물어보면서 미리 확인해 두자.

④ I'll switch some items to my carry-on luggage.

Your luggage is overweight.
수하물 무게가 초과되었습니다.

수하물 무게를 초과하면 추가 요금을 내야 하거나, 항공사에 따라서는 아예 짐을 부칠 수 없는 경우도 있다. 일반적으로는 최대 무게를 32kg으로 제한하고 있다. 무게 초과 시에는 기내용 수하물(carry-on luggage)에 옮겨 담아 무게를 줄이겠다고 말하면 된다. switch A to B가 'A를 B로 옮기다'란 뜻이다.

⑤ Can you add the mileage points?

상대방에게 직접 뭘 해 달라고 부탁할 때 쓰는 패턴 Can you ~?와 '~을 추가하다'는 의미의 add를 함께 써서 말하면 된다. 비행 거리에 따라 포인트를 적립해 주는 '마일리지'는 mileage points라고 한다. 그냥 mileage라고만 하면 '주행 거리'라는 뜻만 되므로 주의하자.

⑥ Could you put me on another flight?

비행기를 놓쳤을 때는 먼저 I missed my flight.(항공편을 놓쳤습니다.)라고 말한 다음 위와 같이 말하면서 담당 직원과 상담해 보자. Could you ~?는 Can you ~?보다 정중하게 부탁할 때 쓰는 표현이다.

드디어 공항에 도착했다! 귀국편부터 미리 확인해 놓아야겠다.

7 귀국편 예약 좀 재확인할게요.

연결편(connection)을 갈아타러 가는 길인데 이쪽으로 나가는 게 맞나?

8 환승해야 하는데 어디로 가야 하나요?

입국심사관(immigration officer)이 입국 목적을 물어본다.

9 관광이에요.

체류일수가 며칠인지도 물어본다.

10 일주일이요.

7 I'd like to reconfirm my flight.

Hi. May I help you? 안녕하세요. 뭘 도와드릴까요?

최근에는 재확인(reconfirm)이 필요한 경우가 많지 않지만, 비행 일정이 자주 바뀌는 저가 항공사거나 유효기간이 많이 남은 표라면 예약을 재확인해 두는 편이 안전하다. 재확인할 때는 자기 이름과 flight number(항공편명)를 말해 주면 되는데, 전화로 진행할 때도 마찬가지이다. When are you leaving?(출발일이 언제인가요?) 또는 Your destination?(목적지는요?) 같은 질문을 받을 수도 있다.

8 Where should I go to transfer?

비행기를 '환승하다'는 transfer라고 한다. 한편 환승은 transit과 transfer로 구분된다. transit은 비행기에서 내렸다가 같은 비행기를 다시 타는 것이고, transfer는 다른 비행기로 갈아타는 것을 말한다. 참고로 직원이 연결편의 목적지를 물어보는 경우에는 I'm going to ~.(~로 가요.)를 써서 대답하면 된다.

9 Sightseeing.

What's the purpose of your visit?
방문 목적이 무엇입니까?

방문 목적이 관광이라면 Sightseeing., 사업이나 출장이라면 Business., 유학이라면 To study.라고 답하면 된다. 입국심사관이 What brought you here?(어떤 일로 여기 왔나요?) 또는 What for?(뭐 때문에 왔나요?)라고 물어보기도 한다.

10 One week.

How long are you going to stay?
얼마나 머무실 예정인가요?

체류일수는 '6박 7일'처럼 어렵게 생각할 필요 없이 총 체류일수만 생각해서 One week.(일주일이요.) 또는 Seven days.(7일이요.)처럼 답하면 된다. 체류기간 외에도 체류하는 호텔 이름과 주소까지 물어보는 경우도 있으니 사전에 메모해서 가져가는 것이 좋다.

내 앞에 먼저 입국 심사를 통과한 친구와 어떤 관계인지 물어본다.

⑪ 친구입니다.

세관(customs)에서 신고할 물건이 있는지 묻는다.

⑫ 아뇨. 신고할 물건이 없어요.

이 사람이 뭐라고 하는지 하나도 못 알아듣겠다.

⑬ 혹시 한국어 가능하신 분 계세요?

수하물 찾는 곳(baggage claim area)에서 내 캐리어가 안 나왔다.

⑭ 제 짐이 어디 갔는지 못 찾겠어요.

⑪ She's my friend.

What's your relationship with her?
저 사람과는 어떤 관계인가요?

상황에 따라서는 입국 심사 때 동행인에 대해서도 질문이 들어올 수 있다. 예상치 않은 질문에 당황할 수도 있지만, She's my friend.(제 친구예요.) 또는 He's my brother.(제 남동생이에요.)와 같이 침착하게 대답하면 된다.

⑫ No, I have nothing to declare.

Anything to declare?
신고할 게 있습니까?

declare를 '선언하다'라는 뜻으로 많이들 알고 있는데 '(세관에) 신고하다'라는 의미도 있다. 딱히 신고할 물건이 없다면 간단히 No.라고만 답해도 괜찮다.

⑬ Is there somebody who can speak Korean?

입국 심사를 받을 때나 세관 신고할 때, 자칫 잘못 대답했다가는 다른 곳에 격리되어 자세한 질문을 받게 되는 등 생각지도 못한 문제가 발생할 수도 있다. 자신의 영어 실력을 가늠하여 위와 같이 한국어 통역사를 부탁하는 것도 좋은 방법이다.

⑭ I can't find my luggage.

짐을 분실했을 때는 I can't find ~.(~을 찾을 수 없어요.)를 활용해 말해 보자. 출발 전 공항에서 받은 baggage claim tag(수하물 표)를 직원에게 보여 주고 짐을 찾아 달라고 부탁하면 된다. 담당 직원이 이미 수하물을 내려서 근처에 모아 놓았을 수도 있으므로 컨베이어 벨트 주위도 확인해 보자.

분명히 저건 내 짐인데! 자기 건 줄 알고
가져가려는 사람이 있다!

⑮ 죄송한데 그건
제 거 같은데요!

짐이 많아서 한 번에 못 들고 가겠다.
짐을 옮길 때 쓰는 카트(cart)가 있으려나?

⑯ 카트는 어디에 있나요?

앗, 비행기 출발이 지연되었다는(delayed)
방송이 나왔다. 연결편 타야 하는데!

⑰ 인천으로 가는 연결편 시간에
못 맞출 것 같아요.

항공편이 결항했다. 내일 비행기로 바꿔
주겠다고는 하는데 잠은 어디서 자지?

⑱ 오늘 밤 숙소는
그쪽에서 준비해 주시나요?

⑮ Excuse me. I think that's mine!

사람을 부를 때는 먼저 Excuse me.로 말을 걸자. mine은 '내 것'이라는 뜻인데, That's mine!(그거 제 거예요!) 앞에 I think ~(~라고 생각해요, ~인 것 같아요)를 붙이면 좀 더 부드러운 어조가 된다.

⑯ Where are the carts?

Where is[are] ~?는 '~은 어디 있나요?' 하고 물어볼 때 쓰는 가장 기본적인 표현이다. 좀 더 정중하게 물을 때는 Do you know where ~?(~이 어디 있는지 아세요?) 또는 Could you tell me where ~?(~이 어디 있는지 알려 주시겠어요?)로 말하면 된다. 한편 공항에서 쓰는 카트는 그냥 cart라고 해도 되지만 baggage cart라고도 한다. 영국에서는 luggage trolley라는 표현을 쓰니 함께 알아 두자.

⑰ I'm going to miss my connection to Incheon.

'~할 것 같다'라는 예상을 전달할 때는 be going to를 쓰는 것이 적당하다. '시간에 늦다, 시간에 맞추지 못하다'는 '~을 놓치다'라고 생각해 동사 miss를 사용하면 되고, '(비행기의) 연결편'은 connection 또는 connecting flight이라고 한다.

⑱ Will you be arranging accommodations for tonight?

밤에 예기치 않게 비행기가 지연되거나 결항하면 항공사에서 무료로 라운지를 이용할 수 있게 해 주거나 호텔을 제공하기도 한다. 정중하게 부탁할 때 쓰는 Will you be ~ing?를 사용하여 숙소 제공 여부를 물어보자. arrange는 '마련하다'라는 뜻이며, '숙소'를 뜻하는 accommodations 대신 a hotel을 써도 좋다.

❶ 친구와 같이 앉을 수 있을까요?

친구랑 함께 앉을 수 있는지 탑승 수속 창구에서 확인하자.

❶ Can we sit together?

두 명이 같이 앉을 수 있는지 물어보는 것이니까 Can we ~?로 물어보면 된다. '같이 앉다'는 sit together이다.

❷ 이 가방에 '파손 주의' 스티커 좀 붙여 주실래요?

짐을 부쳐야 하는데 가방 안에 깨지는 물건이 들어 있어서 걱정된다.

❷ Could you mark this bag as "fragile"?

부치는 짐 가방은 여기저기 부딪히거나 던져지기 십상이다. 위와 같이 요청하면 체크인 카운터에서 가방에 fragile이라고 표기된 스티커를 붙여 줄 것이다. fragile은 '깨지기 쉬운, 부서지기 쉬운'이란 뜻이다.

❸ 몇 시에 탑승이 시작되나요?

탑승 시간(boarding time)이 지난 것 같은데 탑승이 시작될 기미가 안 보인다.

❸ What time does boarding begin?

시작하는 시간이나 끝나는 시간을 물어볼 때 What time(몇 시) ~?을 활용하자. '탑승'은 boarding이라고 한다. 비행기 탑승은 출발하기 약 30분 전부터 시작되는데, 탑승권을 보면 boarding time(탑승 시간)이 따로 나와 있다.

4 친구 집에서 머물 거예요.

입국심사관이 어디에서 묵을 예정인지 물어본다.

4 I'll stay at my friend's house.

입국심사관: **Where will you be staying?**
어디에서 머무실 건가요?

'~에서'라고 할 때는 장소 앞에 전치사 at을 쓴다. 호텔에서 머무는 경우는 I'll stay at the Hilton Hotel.(힐튼 호텔에서 머물 거예요.)처럼 말하자. 호텔 바우처를 보여 달라고 하는 경우도 있으므로 미리 준비해 두는 것이 좋다.

5 좀 더 천천히 말씀해 주시겠어요?

입국심사관 말이 너무 빨라서 뭐라고 하는지 잘 못 알아들었다.

5 Could you speak more slowly?

more slowly는 '더 천천히'라는 뜻이다. 상대방이 하는 말이 너무 빨라 잘 이해하지 못했다면 당황하지 말고 이렇게 말하자.

6 수하물 찾는 곳이 어디인가요?

내 짐은 어디 가서 찾아야 하지? 공항 직원에게 물어보자.

6 Where is the baggage claim area?

낯선 공항에서 시설이나 장소가 어디에 있는지 궁금할 때는 Where is ~?로 물어보자. 컨베이어 벨트가 빙글빙글 돌아가는 '수하물 찾는 곳'을 baggage claim area라고 한다.

택시 탈 때

Taking a Taxi

>>> 미션

드디어 수속을 모두 마치고 공항에서 벗어날 수 있게 되었다. 택시 기사에게 목적지를 말하고 원하는 곳에서 내리자!

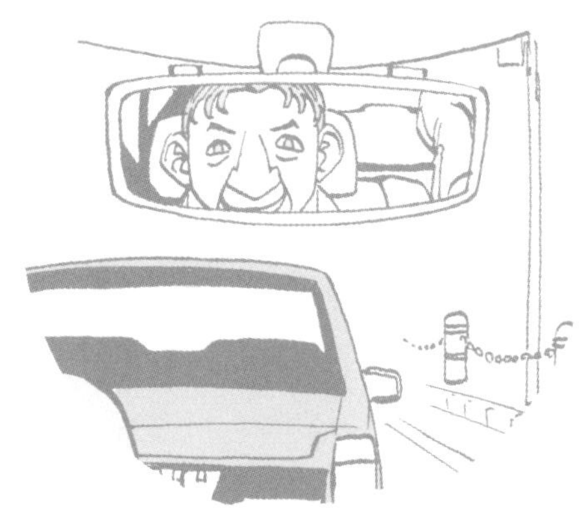

>>> 미션 표현 먼저 관련 표현을 챙겨라

- □ 택시 승차장 **taxi stand**
- □ (표시등) 회송 **off duty**
- □ 요금, 운임 **fare**
- □ 기본 요금 **base [initial] fare**
- □ 정액 요금 **flat rate**
- □ 요금 미터기 **meter**
- □ 트렁크 **trunk**
- □ 교통체증 **traffic jam**
- □ 신호등 **traffic light**
- □ 교차로 **intersection**
- □ (차를) 멈추다 **stop, pull over**
- □ 안전벨트를 매다 **fasten one's seatbelt**
- □ 오른쪽으로 꺾다 **turn [make a] right**
- □ 왼쪽으로 꺾다 **turn [make a] left**

>>> 미션 전달 다음 상황을 보고 영어로 말하라

일단 택시를 타고 공항을 벗어나야지.

택시기사에게 지도를 보여 주며 목적지를 이야기하자.

❶ 택시 타는 곳은 어디인가요?

❷ 여기로 가 주세요.

❶ Could you tell me where the taxi stand is?

Where is the taxi stand?라고 해도 되지만 우리는 동방예의지국에서 왔으니까 Could you tell me where ~?로 예의 바르게 물어보자. '택시 승차장'은 taxi stand라고 한다. 한편 버스 정류장은 bus stop인데, 규모가 큰 장거리 버스 터미널은 bus terminal이라고 한다.

❷ I'd like to go here.

Where to? 어디 가세요?

택시기사가 '어디 가세요?'라고 물을 때는 주로 Where to?라는 표현을 쓴다. I'd like to go to ~.는 택시에서 내 목적지를 말할 때 많이 쓰는 표현인데, 간단히 ABC Hotel, please.(ABC 호텔로 가 주세요.)라고 해도 좋다. 또는 주소를 보여 주며 To this address, please.(이 주소로 가 주세요.)라고 말해도 된다.

요금(fare)이 얼마쯤 나올지 타기 전에 물어 보자.

3 센트리 호텔까지 요금이 얼마인가요?

트렁크에 짐을 싣고 싶다.

4 트렁크 좀 열어 주시겠어요?

가방이 좀 무거운걸. 트렁크에 짐 싣는 것을 도와 달라고 해야겠다.

5 좀 도와주시겠어요?

택시기사가 유창한 한국어로 "안녕하세요." 라고 인사를 건넨다.

6 한국어 잘하시네요. 어디서 배우셨어요?

❸ How much is it to the Century Hotel?

목적지까지 택시 요금(fare)이 얼마나 나올지 궁금하다면 How much is it to ~?로 물어보자. 태국처럼 요금을 미리 협상한 다음 타는 것이 일반적인 나라에서는 Can you take me to ~ for 300 baht?(~까지 300바트로 가 주시겠어요?)와 같이 말하면 된다.

❹ Can you open the trunk?

자동차와 관련된 용어 중에는 steering wheel(핸들, 운전대), rearview mirror(백미러)처럼 한국어와 전혀 다르게 쓰는 단어도 많지만, '트렁크'는 그대로 trunk라고 한다. '트렁크를 열다'는 open the trunk이다.

❺ Could you give me a hand, please?

'도와주다, 거들어 주다'를 영어에서는 '손을 주다'라고 생각해서 give a hand라고 표현한다. '도와주다'라는 뜻의 동사 help를 써서 나타내도 되는데, 짐을 가리키면서 Could you help me with this, please?라고 해도 된다. 다만 이렇게 부탁하면 택시기사가 추가 요금을 요구하기도 한다. 그렇지 않다고 해도 약간의 팁을 건네는 것이 매너이다.

❻ Your Korean is good. Where did you learn it?

Hi. *Annyeonghaseyo.*
안녕하세요.

요즘은 어딜 가도 한국 여행객이 많아서 간단한 한국어를 구사하는 현지인들을 쉽게 만날 수 있다. 택시기사가 How do you say "Thank you" in Korean?(한국어로 Thank you는 뭐라고 하죠?)이라고 물어본다면, It's "*Gamsahamnida*".('감사합니다'라고 해요.)와 같이 가르쳐 주자.

"여기 자주 오세요?"라고 택시기사가 물어 본다.

7 아니요. 처음 왔어요.

택시기사 얘기로는 이 주변에 좋은 곳이 정말 많다고 한다.

8 추천해 주실 만한 곳이 있나요?

택시기사는 발이 넓으니 이 동네 맛집을 많이 알고 있을 것 같다.

9 현지 음식을 맛있게 하는 괜찮은 식당이 있을까요?

BONUS+

기차 시간이 촉박해서 서두르고 있다.
택시기사에게 빨리 가 달라고 부탁하자.

Please hurry.
빨리 좀 가 주세요.

⑦ No, this is my first time.

Do you come here often?
여기 자주 오세요?

이 뒤에 I'm very excited.(정말 기대가 돼요.)라고 덧붙여도 좋다. 참고로 '일 때문에 한 번 와 본 적이 있어요'는 I've been here once on business.라고 한다.

⑧ What places do you recommend?

There're lots of nice places to visit.
가 볼 만한 곳이 많이 있습니다.

'추천해 주실 만한 곳이 있나요?'는 '어느 곳을 추천하세요?'와 같이 바꿔 표현하면 뜻이 잘 전달된다. '추천하다'라는 의미의 동사는 recommend이다.

⑨ Where can I have some good local food?

'어디서 맛있는 현지 음식을 좀 먹을 수 있을까요?'처럼 물어보면 된다. Where can I ~?는 어떤 일을 할 수 있는 장소를 물어볼 때 유용한 패턴이다. '맛있는 현지 음식'은 good local food라고 한다.

>>> 미션 힌트 외국 택시, 한국 택시와 어떻게 다를까?

택시는 빠르고 간편한 교통수단이지만 미국과 유럽에서 한국처럼 생각하고 가볍게 택시를 탔다가는 요금 폭탄을 맞는 수가 있다. 기본 요금 자체도 비싼 편이지만 시간이 지날수록 뛰는 폭이 큰 데다 북미권에서는 팁까지 줘야 하므로 한국보다 훨씬 비싼 요금을 내야 한다. 또, 한국 택시와는 달리 조수석에는 승객을 잘 태우지 않고 뒷좌석에만 손님을 태우는 나라가 많다. 뉴욕 택시에는 아예 운전석과 뒷좌석 사이에 방탄 유리 벽이 설치되어 있으며, 런던이나 파리 같은 도시에서도 조수석은 짐을 싣는 곳이지 손님을 태우는 곳이 아니다. 따라서 이런 도시에서 택시를 탈 때는 기본적으로 뒷좌석에 탑승하도록 하자.

드디어 목적지 도착!

⑩ 저기 신호 앞에서 세워 주시겠어요?

요금이 30달러가 나왔다. 팁(tip)을 포함해 35달러를 내고 싶은데 잔돈이 없다.

⑪ 5달러만 거슬러 주세요.

만일을 위해 영수증을 받아 놓자.

⑫ 영수증 좀 주실래요?

B O N U S +

택시 요금을 내면서 거스름돈을 전부 팁으로 주려고 한다.

Keep the change.
거스름돈은 가지세요.

⑩ Can you pull over in front of that traffic light?

'(차를) 멈추다'는 stop 또는 pull over, pull up을 쓴다. 뒤에 위치를 나타내는 at the corner(모퉁이에서), at the next intersection(다음 교차로에서) 같은 다양한 표현을 넣어 말할 수 있다. 참고로 '여기서 세워 주실래요?'라고 하고 싶으면 Can you pull over here, please?라고 말하면 된다.

⑪ Give me five dollars back, please.

That'll be 30 dollars.
30달러입니다.

거스름돈을 모두 팁(tip)으로 주고 싶을 때는 '(계속) 가지고 있다'를 뜻하는 동사 keep을 써서 Keep the change.(거스름돈은 가지세요.)라고 하면서 요금을 지불하면 된다. 반면 Give me ~ back, please.라고 하면 거스름돈의 일부만 팁으로 줄 수 있다. 팁은 주고 싶지만 고액지폐밖에 없을 때 이렇게 말해 보자.

⑫ Can I have a receipt?

뭔가를 달라고 할 때 많이 쓰는 Can I have ~? 패턴을 써서 말해 보자. '영수증'은 receipt라고 한다. 택시 번호가 적혀 있는 영수증을 받아 놓으면 택시 안에 물건을 놓고 내렸을 때도 쉽게 찾을 수 있어서 좋다.

>>> 미션 힌트 택시기사에게 팁은 얼마나 줘야 할까?

미국과 캐나다 같은 북미 지역에서는 식당, 호텔 등 서비스를 제공하는 업종에서 팁을 주는 것이 일반적이다. 택시를 탔을 때도 미터기에 나온 요금의 15~20% 정도를 팁으로 주는 것이 보통이다. 특히 택시기사가 짐 싣고 내리는 것을 도와줬다면 짐 하나당 1달러의 팁을 추가로 주는 것이 좋다. 최근에는 팁을 자동으로 계산해 주는 다양한 앱도 나와 있다. 여행 전에 미리 다운받아 놓으면 쉽게 팁을 계산할 수 있다.

❶ 택시는 어디서
잡아야 하나요?

택시를 잡고 싶은데, 어디서 타야 할지 모르겠다.

❶ Where can I catch a taxi?

'택시를 타다'는 take a taxi라고 하지만, catch a taxi라고 하면 '(지나가는 택시를) 잡다, 타다'라는 뜻이 된다.

❷ 택시 좀 불러 주시겠어요?

호텔 직원에게 택시를 불러 달라고 부탁해야겠다.

❷ Can you call a taxi for me, please?

'택시를 부르다'는 call a taxi라고 한다. call은 '전화하다'란 뜻도 있지만 '전화를 걸어 부르다'란 뜻도 있다. 부탁할 때는 Can you ~?를 쓰면 되는데 뒤에 please를 덧붙이면 더욱 정중한 표현이 된다.

❸ 미터기를 켜 주세요.

택시를 탔는데 미터기를 안 켜고 그냥 출발하려고 한다.

❸ Please turn on the meter.

거리에 따라 요금을 자동으로 계산하는 '미터기'를 meter라고 하며, '(기계를) 켜다'는 turn on이다. 택시기사가 미터기를 안 켰을 경우에는 나중에 바가지를 쓸 수도 있으므로 위와 같이 요청하는 것이 좋다.

④ 지금 어디쯤 가는 중인가요?

택시가 너무 먼 곳까지 온 것 같은데….
여긴 대체 어디지?

④ Where are we right now?

굳이 '가다'를 뜻하는 동사를 쓸 필요는 없다. '우리가 지금 어디 있지요?'라고 바꿔서 생각해 보면 간단하게 위의 문장을 생각해낼 수 있다. right now는 '바로 지금'이라는 뜻이다.

⑤ 속도 좀 줄여 주시겠어요?

택시가 빨라도 너무 빠르다! 이러다 사고가 날까 봐 불안하다.

⑤ Could you slow down, please?

정중하게 부탁할 때는 Could you ~?를 활용하자. '속도를 낮추다'는 slow down이라고 하며, 반대로 '속도를 올리다'는 speed up이라고 한다.

⑥ 여기에서 세워 주세요.

목적지 바로 앞에서 신호에 걸렸다.

⑥ Here's fine.

'여기에서 세워 주세요'를 '여기가 좋아요'라고 생각해서 Here's fine.이라고 말하면 간단하다. 또는 I'll get off here, please.(여기서 내릴게요.)라고 말해도 좋다. get off는 '(차에서) 내리다'란 뜻이다.

지하철 · 기차 탈 때

Taking a Subway or Train

>>> 미션

복잡한 도심이나 장거리 이동은 지하철이나 기차를 이용하는 것이 좋다. 매표소에 가서 표를 구입하고, 다른 승객들과 대화도 나눠 보자!

>>> 미션 표현 먼저 관련 표현을 챙겨라

- □ 편도의 **one-way**
- □ 왕복의 **round-trip**
- □ 승강장 **platform, track**
- □ 1번 승강장 **track 1**
- □ 시간표 **timetable**
- □ 환승, 환승하다 **transfer**
- □ 환불 **refund**
- □ 막차 **last train**
- □ 일반 (모든 역 정차) **local**
- □ 급행 (주요 역 정차) **express**
- □ 지하철 노선도 **subway map**
- □ 개찰구 **gate**
- □ 개표기 **turnstile, ticket barrier**
- □ 승차권 자동발매기 **ticket machine**
- □ ~행 **bound for ~**
- □ ~경유 **via ~**

>>> 미션 전달 다음 상황을 보고 영어로 말하라

매표소(ticket office)에서 할인이 되는 승차권이 있는지 물어보자.

기차역(train station)에 왔다. 매표소에서 보스턴행 왕복표를 사자.

❶ 일일 무제한 승차권이 있나요?

❷ 보스턴까지 왕복으로 성인 2장 주세요.

❶ Do you have one-day unlimited-ride tickets?

담당 직원이나 점원에게 '~이 있나요?'라고 물어볼 때는 Do you have ~?로 말하면 편리하다. '1일권'은 one-day ticket 또는 single-day ticket이라고 하며, '무제한 승차의, 자유 승차의'는 unlimited-ride라고 한다.

❷ Can I have two round-trip adult tickets to Boston?

매표소에서 표를 살 때는 위처럼 Can I have ~?로 물어봐도 좋지만 간단히 Two round-trip adults to Boston, please.라고만 해도 통한다. 참고로 미국에서는 '왕복'을 round-trip, '편도'를 one-way라고 하지만 영국에서는 각각 return, single이라고 표현하므로 주의하자.

역에 붙은 노선도(subway map)를 봐도 복잡해서 가는 법을 잘 모르겠다.

③ 퀸스 역은 어떻게 가야 하나요?

열차가 와서 급히 타긴 했는데, 이 전철을 타고 가는 게 맞나?

④ 이 전철이 14번가에 서나요?

베이커 역에 가는 길인데 중간에 어디서 갈아타야 하는지 모르겠다.

⑤ 어디서 갈아타면 되나요?

B O N U S +

잠깐 졸았더니 어디쯤 왔는지 모르겠다. 옆에 앉은 승객에게 물어보자.

What is the next station?
다음 역은 무슨 역인가요?

❸ Could you tell me how to get to Queens Station?

익숙하지 않은 외국 지하철 노선도는 보고 있어도 어디가 어딘지 헷갈릴 때가 많다. 이때는 Could you tell me how to get to ~?(~까지 어떻게 가는지 알려주시겠어요?)로 가는 방법을 정중하게 물어보자. get to는 '~에 도착하다'라는 뜻이다.

❹ Does this stop at 14th Street?

전철을 탔는데 가고 싶은 역에 서는지 불안할 때는 this(이것=이 전철)를 주어로 해서 이렇게 물어보면 된다. 주요 역에만 정차하는 급행 열차는 express라고 표시되어 있으므로 타기 전에 주의해서 살펴보자. 참고로 전철이 맞는 방향으로 가고 있는지 궁금할 때는 Does this train go to Queens?(이 차가 퀸스로 가나요?)라고 물어보자.

❺ Where should I transfer?

먼저 I'd like to go to ~ Station.(~역에 가고 싶어요.)라고 내 목적지를 밝힌 다음 Where should I transfer?라고 물어보면 된다. '갈아타다'는 동사 transfer를 쓴다. 갈아탈 필요가 있는지 물어보고 싶다면 Do I need to transfer?라고 하면 된다.

>>> 미션 힌트 14th Street는 역 이름일까, 거리 이름일까?

뉴욕 지하철역 중에는 14th Street, 3rd Avenue처럼 거리 이름을 딴 역이 유독 많다. 뉴욕에서는 가로로 뻗은 길을 street, 세로로 뻗은 길을 avenue라고 하는데, 모든 길에 이런 식으로 이름이 붙어 있다. 그러다 보니 자연스럽게 역 이름에 대표적인 거리 이름이 붙은 것이다. 14th Street은 지나는 역만 6개가 될 정도로 큰 거리인데, 역 이름 중에는 14th Street-Union Square(14번가-유니온 스퀘어), 14th Street-8th Avenue(14번가-8번가)처럼 주변 랜드마크나 교차하는 거리 이름을 함께 쓰는 경우도 있다.

무거운 짐을 든 사람에게 자리를 양보하자.

6 여기 앉으세요.

유모차를 들고 계단을 내려가려는 사람이 있네?

7 도와 드릴까요?

BONUS +

여기서 퀸스 역까지 정거장이 몇 개나 되는지 물어보자.

How many stops to Queens Station?
퀸스 역까지 몇 정거장인가요?

BONUS +

승차권 자동발매기에서 표를 사려는데 뭘 눌러야 할지 잘 모르겠다.

Can you show me how to buy a ticket?
표를 어떻게 사는지 알려 주시겠어요?

❻ Please sit here.

자리를 양보하고 싶다면 외국이라고 망설이지 말고 위와 같이 말해 보자. 만약 상대방이 I'm fine. Thank you.라고 대답한다면 '(앉지 않아도) 괜찮아요. 고맙습니다'라고 거절하는 표현이므로 맘 편히 앉아 가면 된다.

❼ Would you like help with that?

Would you like ~?을 써서 상대방에게 정중하게 도움을 제안해 보자. 여기서 help는 '도움'이라는 뜻의 명사로 쓰였다. help를 '도와주다'란 뜻의 동사로 써서 Can I help you?(도와 드릴까요?)라고 물어봐도 좋다.

>>> 미션 힌트 외국 지하철, 한국과는 어떻게 다를까?

관광지로 유명한 뉴욕과 런던의 지하철은 워낙 역사가 오래되었다 보니 노선 수가 한국보다 훨씬 많고 복잡하다. 개중에는 너무 오래되어서 보수 공사를 진행 중인 구간도 상당히 많다.
뉴욕 지하철은 subway라고 하는데, 한국과는 달리 다른 노선이 같은 선로를 사용하는 경우도 있다. 그래서 전광판에 나와 있는 안내를 보고 내가 원하는 노선의 열차를 잘 골라 타야 한다. 각 역에 정차하는 일반열차는 local, 몇몇 주요 역에만 정차하는 급행열차는 express라고 하는데, 이 두 열차도 잘 구분해서 타야 한다. 또, 뉴욕 맨해튼 섬이 세로로 긴 형태다 보니 지하철은 위(uptown) 방향으로 가거나 아래(downtown) 방향으로 간다. 지하철 출입구를 보면 uptown 방향인지, downtown 방향인지 써 있는데, 아무것도 안 써 있을 때만 양쪽 방향의 열차를 모두 이용할 수 있는 것이므로 입구에 들어갈 때도 주의해야 한다.
한편 영국 지하철은 subway가 아니라 underground 또는 tube라고 한다. 뉴욕 지하철만큼이나 오래되었기 때문에 시설이 꽤 낡았으며 열차 내부도 한국보다 좁다. 역사가 오래되었다 보니 여러 노선이 얽혀 있어서 같은 구간을 달리는 노선도 많고, 환승 구간도 무척 긴 경우가 많다. 열차 중에는 버튼을 눌러야 문이 열리는 타입도 있기 때문에 마냥 기다렸다가는 내릴 역에서 못 내릴 수도 있다.

❶ 오늘부터 이 표를 쓰고 싶어요.

유효 기간 3일짜리 기차표를 갖고 있는데, 창구에서 도장을 받아 오늘부터 쓰고 싶다.

❶ I'd like to use this ticket starting today.

나라와 지역에 따라서는 창구에 가서 이와 같이 말하면서 차표를 유효 처리(validate)해야 하는 경우도 있다. 대표적인 예가 유레일패스인데, 이것은 기차로 유럽 여러 나라를 여행할 수 있는 교통권이다.

❷ 지하철 노선도 좀 주시겠어요?

지하철 노선도가 있으면 편할 것 같다. 창구에 물어보자.

❷ Can I have a subway map?

물건을 달라고 정중하게 부탁할 때 쓰는 Can I have ~?로 표현해 보자. '지하철 노선도'는 subway map이라고 한다.

❸ 승차권 자동발매기는 어디에 있나요?

자동발매기를 이용해 지하철표를 사려고 한다.

❸ Where are the ticket machines?

표를 자동으로 살 수 있는 '승차권 자동발매기'는 ticket machine이라고 한다. 큰 역의 경우, 승차권 자동발매기는 여러 대가 같이 모여 있는 경우가 많으므로 Where are ~?로 물어보면 된다.

④ 몇 번 승강장에서 타나요?

기차표를 샀으니 어디서 타면 되는지 역무원에게 물어보자.

④ What track is it?

'(역의) 승강장'은 platform이라고 한다. 하지만 '1번 승강장, 2번 승강장'이라고 할 때는 platform 대신 '(기차의) 선로'를 뜻하는 track을 쓰는 것이 일반적이다.

⑤ 몇 호선이 월 스트리트로 가나요?

여러 노선이 복잡하게 얽혀 있어서 뭘 타야 할지 모르겠다.

⑤ Which line goes to Wall Street?

'(지하철의) 노선'을 line이라고 한다. '몇 호선'은 which line이라고 하면 되는데, which는 명사 앞에서 '어떤, 어느'란 뜻을 갖는다. '몇 호선 타야 하나요?'라고 물을 때는 Which line should I take?라고 한다.

⑥ 실례합니다. 내릴게요.

내려야 하는데 지하철 출입문 앞에 사람이 서 있다.

⑥ Excuse me. I'm getting off.

Excuse me.라고만 해도 뜻은 통하겠지만 I'm getting off.까지 말하면 더 정확한 표현이 된다. '내릴게요'라고 말할 때는 현재진행형을 써서 '지금 내리려고 합니다'라는 의미를 전달하자.

버스 탈 때
Taking a Bus

>>> 미션

버스는 저렴하고 편리하지만, 여행자에게는 지하철보다 이용하기 힘든 교통수단이다. 맞는 버스에 탑승하고 내가 원하는 목적지에서 내려라!

>>> 미션 표현 먼저 관련 표현을 챙겨라

- □ 정류장 **bus stop**
- □ 버스 터미널 **bus terminal**
- □ 버스 표 **bus ticket**
- □ 버스 요금 **bus fare**
- □ 요금 상자 **fare box**
- □ 정액 요금 **flat rate**
- □ 뒷문 **back [rear] door**
- □ 버스 노선도 **bus (route) map**
- □ 환승표 **transfer ticket**
- □ 무제한 승차 **unlimited ride**
- □ (표시등) 정차 요청 **Stop Requested**
- □ (표시등) 거스름돈 없음 **Exact Fare**
- □ 타다 **get on**
- □ 내리다 **get off**

>>> **미션 전달** 다음 상황을 보고 영어로 말하라

버스 터미널(bus terminal)에 버스가 잔뜩 있다! 몇 번 버스를 타야 하지?

버스 기사에게 가는 방향이 맞는지 확인하자.

① 42번가에 가고 싶은데, 어떤 버스를 타면 될까요?

② 42번가에 가는 버스 맞나요?

① Do you know which bus goes to 42nd Street?

처음 보는 사람에게 뭔가를 물어볼 때는 다짜고짜 which나 where 같은 의문사로 질문하기보다는 Do you know ~?(~을 알고 계세요?)나 Could you tell me ~?(~을 알려 주시겠어요?)와 같이 문장을 시작하는 것이 좋다. 이렇게 말하면 더 정중한 느낌을 줄 수 있다.

② Does this bus go to 42nd Street?

버스를 타면서 맞는 버스인지 확인할 때는 this bus(이 버스)를 주어로 해서 Does this bus go to ~?로 물어보자. 맞는 버스가 아닐 때는 버스기사가 No, you need to get on the number 10 bus.(아뇨. 10번 버스를 타세요.)와 같이 맞는 버스 번호를 알려 줄 것이다.

교통카드를 지하철과 버스에서 모두 쓸 수 있다고 알고 있는데 확인해 봐야지.

3 이 카드로 탈 수 있나요?

안내 방송이 없어서 어디쯤 가고 있는지 전혀 모르겠다.

4 지금 어디쯤 가고 있는지 알려 주시겠어요?

목적지에 도착하면 알려 달라고 다른 승객에게 부탁해 두자.

5 42번가에 도착하면 알려 주시겠어요?

다음 정류장에서 내려야 하는데….
하차 버튼에 손이 닿질 않잖아!

6 벨 좀 눌러 주시겠어요?

❸ Can I use this card?

use(사용하다)를 써서 카드를 사용할 수 있냐고 물어보자. Can I get on with this card[ticket]?이라고 해도 좋다. Can I ~?는 '~해도 되나요?' 하고 허락을 받을 때도 쓸 수 있지만 '(제가) ~할 수 있나요?' 하고 가능한지 확인할 때도 쓸 수 있다. 참고로 그림에 나오는 Metrocard는 지하철과 버스에서 모두 쓸 수 있는 뉴욕의 교통카드이다. 한국 교통카드처럼 충전식으로도 쓸 수 있지만 unlimited-ride를 사면 해당 기한 동안 무제한으로 탑승할 수 있다.

❹ Could you tell me where we are right now?

'지금 어디쯤 가고 있는지'는 '우리가 지금 어디에 있는지'로 바꿔 생각해 보자. 간단히 Where are we?라고 물어봐도 되지만 문장 안에 where 같은 의문사가 들어가는 경우에는 where we are처럼 의문사 뒤에 〈주어+동사〉의 어순으로 쓴다.

❺ Could you tell me when we get to 42nd Street?

'~에 도착하다'는 get to라고 한다. 버스 기사에게 직접 내려 달라고 부탁할 때는 Could you drop me off at 42nd Street?(42번가에서 내려 주시겠어요?)라고 말하면 된다. drop off가 '(버스에서) 내려 주다'라는 의미이다. 참고로 남은 정거장 수가 궁금하다면 How many more stops to 42nd Street?(42번가까지 몇 정거장 남았나요?)라고 물어보자.

❻ Could you press the button for me, please?

정중하게 부탁할 때 쓰는 패턴 Could you ~? 뒤에 '버튼을 누르다'라는 의미의 press the button을 이어 말하면 된다. 외국에는 하차 벨을 울릴 때 버튼을 누르는 대신 줄을 당기는 방식의 버스도 있으니, 그때는 pull the string 또는 pull the cord라는 표현을 쓰자.

① 버스표는 어디서 살 수 있나요?

버스를 타려고 매표소(ticket office)를 찾고 있다.

① Where can I buy a bus ticket?

'어디서 ~할 수 있나요?'라고 물어보고 싶을 때는 Where can I ~? 패턴을 활용하자. 예를 들어 '버스는 어디서 탈 수 있나요?'는 Where can I take the bus?라고 한다.

② 42번가까지 요금이 얼마예요?

버스 터미널 직원에게 요금이 얼마인지 확인해 보자.

② How much is it to 42nd Street?

목적지까지의 금액은 How much is it to + 장소?로 물어보자. '교통요금'이라는 뜻의 fare를 써서 How much is the fare to + 장소?로 물어봐도 좋다. 참고로 시간이 얼마나 걸리는지 물어볼 때는 How long does it take to + 장소? 라고 한다.

③ 이거 잔돈으로 좀 바꿔 주시겠어요?

요금을 내려는데 잔돈이 없다. 어떡하지?

③ Could you break this?

'(돈을) 잔돈으로 바꾸다[깨다]'라는 의미의 동사 break를 쓰면 쉽게 표현할 수 있다. 지역에 따라서는 잔돈을 돌려주지 않는 곳도 있으므로 버스 타기 전 잔돈을 충분히 준비해 두자.

❹ 시청에 가려면 어디서 내려야 하나요?

시청에 가고 싶은데 어느 버스 정류장에서 내려야 할지 잘 모르겠다.

❹ Where do I get off for City Hall?

버스나 전철에서 '내리다'는 get off를 쓴다. 참고로 승용차나 택시에서 '내리다'는 get off가 아니라 get out (of)를 쓰므로 주의하자.

❺ 막차는 언제까지 있나요?

놀다가 차 끊기면 낭패다. 버스가 몇 시까지 다니는지 막차 시간을 확인하자.

❺ When is the last bus?

'마지막 버스는 언제인가요?'라고 물어보면 간단하다. '마지막 버스'는 last bus라고 한다. 참고로 '지하철 막차'는 last train이라고 하며, 첫차는 각각 first bus, first train이라고 한다.

❻ 뒷문 좀 열어 주세요.

여기서 내려야 하는데 뒷문이 안 열리네?

❻ Back door, please.

버스 기사가 뒷문을 여는 것을 깜빡했을 때는 back door(뒷문) 뒤에 please만 붙여서 부탁하면 된다. 굳이 '문을 열다'라는 뜻의 open을 쓸 필요가 없다.

길 물어볼 때

Asking for Directions

>>> 미션

오늘의 목적지는 역사박물관이다. 호텔 프런트나 관광안내소에서 어떻게 가는지 정보를 얻어라. 길을 잃었을 때는 지나가는 사람에게 길을 물어보자!

>>> 미션 표현 먼저 관련 표현을 챙겨라

- ☐ 횡단보도 **crosswalk**
- ☐ 광장 **square**
- ☐ 표식이 되는 건물 **landmark**
- ☐ ~ 옆에 **next to ~**
- ☐ ~ 앞에 **in front of ~**
- ☐ ~ 건너편에 **across from ~**
- ☐ ~ 모퉁이에 **at the corner of ~**
- ☐ 길을 건너다 **cross the street**
- ☐ 직진하다 **go straight (ahead)**
- ☐ 길을 따라서 가다 **go along the street**
- ☐ 그대로 계속 가다 **keep going**
- ☐ 오른쪽으로 꺾다 **turn [make a] right**
- ☐ 왼쪽으로 꺾다 **turn [make a] left**
- ☐ 오른쪽[왼쪽]에 **on your right [left]**

>>> 미션 전달 다음 상황을 보고 영어로 말하라

호텔 직원에게 박물관에 가는 길을 물어보자.

① 역사박물관에 어떻게 가야 하는지 알려 주시겠어요?

감기 기운이 있다. 빨리 약을 사 먹어야지.

② 이 근처에 약국이 있을까요?

① Could you tell me how to get to the History Museum?

Could you tell me how to get to ~?는 '~까지 가는 법을 알려 주시겠어요?'란 뜻으로, 통째로 외워 두면 유용한 표현이다. how to get to ~는 '~에 가는 방법'이란 의미이다. 길을 물을 때는 간단하게 How can I get to ~?(~까지 어떻게 가나요?)라고 할 수도 있다.

② Is there a drugstore around here?

주변에 어떤 장소나 시설이 있는지 물어볼 때는 Is there ~ around here?를 쓴다. Is there a good Korean restaurant near here?라고 하면 '이 주변에 괜찮은 한국 음식점이 있나요?'라는 의미이다. 참고로 drugstore는 처방전 없이도 약을 살 수 있는 곳인데, 화장품과 일반 생활잡화도 함께 판매하는 가게를 말한다. 한편 처방전을 내고 전문적인 의약품을 사는 약국은 pharmacy라고 한다.

전차가 다니고 있다. 한번 타 보고 싶은걸.

③ 전차로 올드 타운까지 갈 수 있나요?

역까지 걸어서 갈 수 있을까?

④ 여기서 베이커 역까지는 먼가요?

가는 데 몇 분 정도 걸리는지 물어봐야겠다.

⑤ 거기까지 얼마나 걸리나요?

어느 방향으로 가야 할지 전혀 모르겠다.

⑥ 3번가는 어느 쪽으로 가야 하는지 아세요?

❸ Can I take the trolley to Old Town?

take A to B는 'A를 타고 B로 가다'라는 뜻이다. 'by + 교통수단'을 활용해 Can I go to Old Town by trolley?라고 해도 된다. 유럽에서 많이 볼 수 있는 '노면전차'를 trolley 또는 streetcar라고 하는데 영국에서는 tram이라고도 부른다.

❹ Is Baker Station far from here?

'(거리가) 멀리 떨어진'의 의미로는 long이 아니라 far를 쓴다. 반대로 '여기서 ~이 가까운가요?'라고 물어볼 때는 Is ~ near here?라고 한다. 좀 더 구체적으로 '걸어갈 수 있는 거리인가요?'라고 물어보려면 Can I walk there?라고 하면 된다.

❺ How long does it take to get there?

시간이 얼마나 걸리는지 물어볼 때는 How long(얼마나)으로 문장을 시작하자. 시간을 나타내는 주어 it과 '(시간이) 걸리다'를 의미하는 동사 take를 쓰는 것이 포인트. 이렇게 물어보면 상대방이 It takes about 10 minutes on foot.(걸어서 10분 정도 걸려요.)처럼 대답해 줄 것이다.

❻ Do you know which way 3rd Avenue is?

way에는 '방향, 쪽'이라는 뜻이 있다. 그래서 어느 쪽으로 가야 하는지 길을 물어볼 때는 which way를 써서 질문하면 된다. 참고로 '저쪽이에요'라고 대답할 때는 That way. '이쪽으로 쭉 가세요'는 Go straight this way.라고 한다.

가이드북에 나온 역사박물관에 가는 중인데 이 길이 맞는지 불안하다.

7 역사박물관에 가고 싶은데, 이쪽으로 가는 게 맞나요?

목적지 근처에 거의 다 온 것 같은데…. 한번 길을 물어보자.

8 이 식당이 어디에 있는지 아세요?

지도를 보면 여기쯤인 것 같은데, 맞나?

9 지금 있는 곳이 여기가 맞나요?

길을 물어봤는데 이 사람도 잘 모르겠다고 한다. 그래도 고맙다는 인사는 기본!

10 어쨌거나 고맙습니다.

7 Is this the right way to the History Museum?

'맞는'이라는 의미의 형용사 right을 활용해 '이쪽이 역사박물관으로 가는 맞는 길인가요?'라고 물어보면 된다. 'the right way to + 장소'는 '~로 가는 맞는 길'이란 뜻이다.

8 Do you know where this restaurant is?

그냥 '이 식당이 어디에 있나요?' 하고 묻는다면 Where is this restaurant?가 되지만, 앞에 '~인지 아세요?'라는 뜻의 Do you know ~?가 붙으면 의문사 where 다음에는 〈주어+동사〉 순서로 말한다.

9 Are we here?

지도를 가리키며 내 현재 위치를 물어볼 때 '지금 (우리가) 있는 곳이 여기가 맞나요?'를 직역하려면 눈앞이 깜깜해진다. 이럴 때는 '우리가 여기 있나요?'라고 간단하게 물어보면 된다. 지도를 보여 주며 '여기는 어디인가요?'라고 물어볼 때는 Where are we right now?라고 말하자.

10 Well, thanks anyway.

Sorry. I'm not sure.
죄송한데 잘 모르겠어요.

Thanks anyway.는 '그래도 도와주셔서 감사합니다'라는 뉘앙스의 문장이다. 도움이 안 되어서 미안해하는 상대방에게 '괜찮아요'라는 느낌으로 쓰는 표현이다.

① 여기서 가장 가까운 지하철역은 무슨 역인가요?

지하철을 타고 싶다. 근처에 있는 역 이름이 뭔지 지나가는 사람한테 물어보자.

① What's the nearest subway station from here?

역 이름이 궁금할 때는 What's ~?로 물어본다. 역의 위치가 어디인지 궁금하다면 이 뒤에 Could you tell me how to get there?(거기까지 어떻게 가는지 알려 주실래요?)라고 이어서 물어보자.

② 베이커 역이 이 근처인가요?

이 주변에 역이 있을 것 같은데…. 길을 못 찾고 헤매는 중이다.

② Is Baker Station near here?

'~은 이 근처인가요?, ~은 여기서 가까운가요?'는 Is ~ near here?라고 한다. near는 '(거리상으로) 가까운'이란 뜻이다. around here도 '이 근처에'란 뜻이므로 near here 대신 쓸 수 있다.

③ 걸어갈 수 있는 거리인가요?

역이 생각보다 멀리 떨어져 있는 것 같다.

③ Can I walk there?

직역해서 Is it within walking distance?라고 말해도 되지만 위처럼 '거기에 걸어갈 수 있어요?'라고 간단하게 물어볼 수도 있다. 문장 끝의 there는 부사로 '거기에'라는 의미인데, 앞에 to를 붙이지 않으니 주의하자.

④ 차이나타운까지 어떻게 가나요?

호텔 프런트(front desk)에 차이나타운까지 가는 길을 물어보자.

④ How can I get to Chinatown?

'~까지 어떻게 가나요?'란 뜻의 How can I get to + 장소?로 목적지까지 가는 방법을 물어볼 수 있다. get to는 '~에 도착하다'라는 의미로, 뒤에 내가 가려는 장소 이름을 쓰면 된다.

⑤ 거기 가려면 기차하고 버스 중에 어느 쪽이 나아요?

어떤 교통수단을 타고 가는 게 가장 좋을지 물어보자.

⑤ Which would be easier to get there, the train or the bus?

Which is easier to ~?라고 해도 물론 좋지만 is 대신에 would be를 쓰면 좀 더 정중한 느낌을 전달할 수 있다.

⑥ 죄송해요. 여기 사람이 아니라서요.

내가 현지인 같아 보이나?
관광객처럼 보이는 사람이 길을 물어본다.

⑥ Sorry. I'm not from around here.

길을 모른다고 답할 때는 I'm not from around here.로 이곳에 사는 사람이 아님을 전달하자. '(어떤 지역에) 처음 온 사람'이란 뜻의 stranger를 활용해 I'm a stranger here.라고 해도 된다.

차 렌트할 때

Renting a Car

>>> 미션

이번에는 대중교통이 없는 근교로 간다! 렌터카 업체에 가서 세부사항을 확인하고 차를 빌려 운전하라! 렌트한 차를 끌고 주유소에 가서 기름도 넣어 보자!

>>> 미션 표현 먼저 관련 표현을 챙겨라

- ☐ 운전대 **(steering) wheel**
- ☐ 가속 페달 **gas pedal**
- ☐ 앞유리창 **windshield**
- ☐ 조수석 **passenger seat**
- ☐ 백미러 **rearview mirror**
- ☐ 번호판 **license plate**
- ☐ 경적 **horn**
- ☐ 주유소 **gas station**
- ☐ 반납하다 **return**
- ☐ 반납을 다른 곳에서 하다 **drop off**
- ☐ 완전 보장 보험 **full coverage insurance**
- ☐ 임의 선택 보험 **optional [voluntary] insurance**
- ☐ 주행거리 무제한 **unlimited mileage**
- ☐ 연료를 가득 채우다 **fill up the tank**

>>> 미션 전달 다음 상황을 보고 영어로 말하라

한국에서 인터넷으로 예약해 둔 렌터카(rental car)를 찾으러 왔다.

❶ 소형차로 예약한 사람인데요.

혹시나 있을지 모를 사고에 대비해 보험에 들어 있는지 확인해야겠다.

❷ 보험에 가입되어 있나요?

❶ I have a compact car reserved.

reserved는 '예약된'이란 뜻이다. 예약하지 않고 그냥 가서 렌터카를 빌릴 때는 I'd like to rent a compact car.(소형차를 빌리고 싶은데요.)처럼 말하면 된다. '빌리다'를 표현하는 동사는 렌터카처럼 사용료를 내고 빌리는 경우에는 rent를, 도서관 책처럼 무료로 빌리는 경우에는 borrow를 쓴다.

❷ Does it come with insurance?

'~이 포함되어 있다', '~도 같이 들어 있다'라는 의미의 숙어 come with ~를 쓰면 깔끔하게 표현할 수 있다. 참고로 차 사고 시, 나와 상대방의 차량 파손부터 신체적인 부상까지 모두 배상해 주는 '완전 보장 보험'은 full coverage insurance라고 한다.

계약자 본인만이 아니라, 동승할 친구도 운전할 거라고 이야기하자.

③ 친구도 같이 운전할 예정인데, 동승자 면허증도 필요한가요?

빌린 곳과는 다른 영업소에서 반납하면 편할 텐데.

④ 공항에서도 반납할 수 있나요?

반납할 때 기름(gasoline)을 채우는 게 귀찮은데, 방법이 없을까?

⑤ 기름을 채우지 않고 반납하면 얼마 정도 더 내야 하나요?

BONUS+

맘 편하게 모든 것을 보상해 주는 자동차 보험에 가입하고 싶다.

I'd like full coverage.
완전 보장 보험을 들고 싶어요.

③ She will be driving, too. Do you also need her license?

어렵게 생각하지 말고 함께 탈 친구가 여자니까 she로 지칭해, '그녀도 운전할 거예요'와 '그녀의 운전면허증도 필요한가요?'로 나눠 말하면 된다. 여기서는 '(언젠가, 잠시) 운전할 수도 있다'라는 의미로 미래진행형 will be driving을 썼지만, 가까운 미래를 나타내는 현재진행형을 써서 She is driving, too.라고 해도 문제는 없다.

④ Can I drop off this car at the airport?

'다른 곳에서 반납하다'는 '내려놓고 가다'라는 의미의 drop off로 표현한다. 규모가 큰 렌터카 회사는 대부분 지점이 여러 개 있어서 반납 장소를 다른 곳으로 지정할 수도 있다. 다만 같은 곳에 반납하는 것보다 가격은 좀 더 비싼 편으로, drop-off fee 또는 one-way fee라는 추가 요금이 붙는다.

⑤ How much would it cost if I returned the car without filling up the tank?

'혹시 ~하면 얼마나 더 내나요?'는 '(값이) ~이다'라는 뜻의 동사 cost를 활용해 How much would it cost if ~?라고 표현한다. '(기름을) 가득 채우다'는 fill up the tank라고 하며 without은 여기서 '~하지 않고'란 뜻으로 쓰였다. 렌터카 반납 시 기름을 채울 필요가 없는 fuel option(연료비 선택)을 택할 수 있는 경우도 있다.

>>> 미션 힌트 차량 보험에는 어떤 것이 있을까?

보험 용어는 렌터카 업체마다 용어가 다르고 종류도 각양각색이므로 가입 전에 꼼꼼하게 알아보자. 일반적으로 많이 쓰는 용어를 살펴보면 렌트한 차량의 손실을 보상해 주는 CDW(Collision Damage Waiver) 또는 LDW(Loss Damage Waiver)가 있는데, 이건 한국의 자차 보험에 해당한다. 그밖에도 사고 난 상대방의 피해를 보상해 주는 LIS(Liability Insurance Supplement), 운전자가 다쳤을 때 치료비를 보상하는 PAI(Personal Accident Insurance), 차량에 두고 내린 물건의 도난 및 파손을 보상하는 PEC(Personal Effects Coverage) 등이 있다.

차를 빌렸으니 주유소로 가서 직원에게 기름을 넣어 달라고 부탁하자.

6 가득 채워 주세요.

셀프 주유소(self-service station)에서 요금 결제가 잘 안 된다.

7 신용카드로 결제가 잘 안 되는 것 같아요.

BONUS+

주유소에서 기름을 30달러어치만 넣고 싶다.

30 dollars, please.
30달러어치만 넣어 주세요.

BONUS+

셀프 주유소에 왔는데 기름 넣는 방법을 전혀 모르겠다.

Can you show me how to use this pump?
이 주유기를 어떻게 쓰는지 알려 주실래요?

❻ Fill it up, please.

Hi. How can I help you?
안녕하세요. 뭘 도와드릴까요?

Fill it up, please.의 it은 연료 탱크를 말한다. 즉, '연료 탱크를 가득 채워 주세요'란 의미이다. 기름을 가득 넣는 대신 몇 달러어치만 넣어 달라고 부탁할 때는 간단하게 '숫자 + dollars, please.'라고 하면 된다.

❼ I can't seem to pay with my credit card.

'~인 것 같다, ~처럼 보인다'와 같이 확신이 없는 일을 말할 때는 'seem to + 동사'를 쓰면 된다. '~으로 결제하다'는 pay with라고 하며, '신용카드'는 credit card이다. 참고로 '현금으로 결제하다'라고 할 때는 pay in cash라고 한다.

>>> 미션 힌트 미국 주유소는 한국과 어떻게 다를까?

자동차에 넣는 기름은 oil이 아니라 gasoline, 또는 줄여서 gas라고 한다. 그래서 '주유소'를 gas station이라고 하는 것이다. 미국은 기름을 넣을 때 한국과 달리 리터(liter)가 아니라 갤런(gallon)이란 단위를 쓰는데, 1갤런은 3.78리터 정도에 해당한다. 기름에는 등급이 있는데 주유소에 따라 regular, plus, premium 또는 unleaded, unleaded plus, super unleaded로 분류되어 있다. 렌터카는 이 중에서도 가장 저렴한 regular나 unleaded를 넣는 것이 일반적이다.
요즘은 한국에도 셀프 주유소가 많이 생겼는데, 인건비가 비싼 미국의 주유소는 대부분 셀프 주유소이다. 해외에서 사용 가능한 신용카드가 있으면 기계에서 바로 결제하고 주유하면 된다. 반면 현금으로 계산할 경우에는 직원에게 주유기 번호와 어떤 기름 종류를 얼마어치 넣을지 말한 후, 계산부터 하고 주유기를 이용하면 된다.

❶ 3일 동안
차를 빌리고 싶어요.

차를 빌리러 렌터카 업체에 왔다.

❶ I'd like to rent a car for three days.

'~동안'이라는 기간을 이야기할 때는 전치사 for를 쓴다. '3일 동안'은 for three days, '일주일 동안'은 for one week이다.

❷ 차에 내비게이션
달려 있나요?

교외로 나가야 하는데 지도만 가지고는 찾아가기 힘들 것 같다.

❷ Does it have a navigation system?

목적지로 가는 길을 알려 주는 '내비게이션'을 (car) navigation system이라고 한다. 참고로 '내비게이션 달린 차 있나요?'라고 묻고 싶으면 Do you have a car with a navigation system?이라고 하면 된다.

❸ 이거보다 작은 차로
바꿔 주실 수 있나요?

인터넷으로 예약했는데 실제 차를 보니 생각보다 너무 크다.

❸ Is it possible to change this for a smaller car?

Is it possible to ~?는 '~하는 게 가능한가요?'라는 뜻이다. 여기에 'A를 B로 교환하다'라는 뜻의 change A for B를 넣어 말해 보자. Could you change this for a smaller car?라고 물어봐도 좋다.

④ 반납이 늦어질 것 같으면 어떻게 하면 되나요?

일정표를 보니 반납 시간에 맞출 수 있을지 잘 모르겠다.

④ What should I do if I can't return it in time?

'반납이 늦어질 것 같으면'은 '제시간에 반납하지 못하면'으로 바꿔 생각해 보자. '반납하다'는 return이며, '제시간에'는 in time이다. 반납 예정 시간을 넘기면 비싼 추가 요금을 물게 되니 주의하자.

⑤ 보험료가 얼마인가요?

렌트비에 보험료가 포함되어 있지 않다고 한다.

⑤ How much is the insurance?

insurance는 '보험' 외에도 '보험료'란 뜻을 갖고 있으며, 가격을 물어볼 때는 How much is ~?를 활용하면 된다. 참고로 '보증금이 얼마인가요?'는 How much is the deposit?이라고 한다.

⑥ 이 근처에 주유소가 있나요?

차에 기름이 거의 다 떨어져서 주유소를 찾고 있다.

⑥ Is there a gas station around here?

주변에 어떤 시설이나 장소가 있는지 물어볼 때는 Is there ~ around here?를 활용하자. '주유소'를 미국에서는 gas station, 영국에서는 petrol station이라고 한다.

호텔에서

At a Hotel

>>> 미션

즐거운 여행을 위해서는 좋은 숙소에서 편히 쉬는 것도 중요하다. 호텔을 예약하고 체크인부터 체크아웃까지 호텔 직원과 대화를 나누며 각종 서비스를 요청하라!

>>> 미션 표현 먼저 관련 표현을 챙겨라

- □ 싱글룸 **single room**
- □ 더블룸 **double room**
- □ 트윈룸 **twin room**
- □ 스위트룸 **suite**
- □ 예약 **reservation**
- □ 투숙객 **guest**
- □ 귀중품 **valuables**
- □ 호텔 프런트 **front desk**
- □ 컨시어지 **concierge**
- □ 주차원 **valet**
- □ 숙박 카드 **registration form**
- □ (방을) 이용 가능한 **available**
- □ 투숙 수속을 밟다 **check in**
- □ 퇴실 수속을 밟다 **check out**

>>> **미션 전달** 다음 상황을 보고 영어로 말하라

진작 예약해둘걸. 호텔에 전화해서 빈방이 있는지 물어봐야겠다.

① 오늘 밤에 묵을 수 있는 트윈룸 하나 있나요?

근처에 아침 먹을 곳이 마땅치 않으니 아침 식사도 숙박비에 포함되는지 확인해 보자.

② 조식 포함인가요?

① Do you have a twin room available for tonight?

twin room은 1인용 침대가 두 개 있는 2인용 방, double room은 2인용 침대가 하나 있는 방, single room은 1인용 침대가 하나 있는 방이다. '1박'은 for one night, '2박'은 for two nights와 같이 말하면 된다. 가격이 궁금하다면 How much is the lowest-priced single room?(가장 저렴한 싱글룸은 얼마인가요?)과 같이 물어보자.

② Is breakfast included?

include는 '~을 포함하다'라는 의미의 동사이다. 수동태로 be included라고 하면 '포함되어 있다'라는 의미가 된다. 예를 들어 '세금 포함인가요?'는 Is tax included?라고 한다. '조식 포함인가요?'는 come with ~(~이 함께 나오다)를 써서 Does it come with breakfast?라고 할 수도 있다.

호텔이 바닷가 근처라고 하니 전망이 좋은 방을 달라고 부탁해야겠다.

③ 바다가 보이는 방이 있나요?

날씨가 좋지 않아 비행기가 연착되었다. 호텔에 전화해 사정을 설명해 두자.

④ 오늘 밤에 예약한 사람인데요, 도착이 많이 늦어질 것 같아요.

공항에서 호텔까지 가는 셔틀버스(shuttle bus)를 부르려고 전화를 걸었다.

⑤ 공항까지 데리러 와 주실 수 있나요?

호텔에 도착하자 직원이 "안녕하세요" 하고 인사하며 문을 열어 주었다.

⑥ 안녕하세요. 고맙습니다.

❸ Do you have a room with an ocean view?

'바다가 보이는 방'은 '바다(ocean) 풍경(view)이 있는 방'이라고 생각하면 a room with an ocean view라는 표현을 쉽게 떠올릴 수 있다. 마찬가지로 '산이 보이는 방'은 a mountain view, '정원이 보이는 방'은 a garden view를 활용해서 말하면 된다. 식당을 예약할 때도 I'd like a table with an ocean view.(바다가 보이는 테이블로 주세요.)처럼 응용해서 말해 보자.

❹ I have a reservation for tonight, but I'm afraid I'll be arriving late.

I'm afraid (that) ~은 '유감이지만 ~할 것 같아요'라는 뜻이다. 덧붙여서 '비행기가 연착되었어요'는 My flight was delayed.라고 말하면 되고, 이어서 I think I can be there by around 10.(10시쯤에는 도착할 것 같아요.)라고 도착 시간을 알려 줘도 좋다.

❺ Can I get a pickup, please?

규모가 큰 호텔이나 리조트의 경우, 공항에서 무료 셔틀버스를 운행하기도 한다. '차로 데리러 오다'라는 의미의 동사구 pick up은 pickup처럼 한 단어의 명사로도 쓸 수 있다. get a pickup은 '픽업을 받다'라는 뜻이다. 참고로 그림에 나오는 TOLL FREE는 '수신자 부담의', 즉 '통화료 무료'라는 뜻이다.

❻ Good evening. Thank you.

Good evening, ma'am.
안녕하세요, 손님.

호텔 직원에게 인사를 받았다면 말없이 지나치지 말고 같이 인사를 건네자. 호텔 입구에서 직원이 How many items?라고 물어본다면 '짐이 몇 개인가요?'라는 의미의 질문이므로 Three, please.(세 개입니다.)처럼 대답하면 된다.

투숙 수속을 밟으러 프런트(front desk)에 왔다.

7 안녕하세요.
예약한 김지호인데요.

헉! 예약이 안 되어 있단다! 바우처를 보여 주고 예약을 확인해 달라고 부탁하자.

8 이상하네요.
여기 바우처 가져왔어요.

입실 시간보다 너무 일찍 도착했다.
아직 방에는 못 들어가나 보다.

9 3시까지 짐을 좀
맡아 주시겠어요?

내일 아침 식사 시간을 확인해 놓자.

10 조식은 몇 시부터
몇 시까지인가요?

7 Hi. I have a reservation. My name is Jiho Kim.

'예약한 ~인데요'란 말은 '예약했어요. 제 이름은 ~입니다.'와 같이 두 문장으로 나눠 말하면 쉽게 표현할 수 있다. '예약했다, 예약이 되어 있다'는 have a reservation이라고 한다.

8 That's strange. Here's my booking confirmation.

There's no reservation under your name.
손님 이름으로 된 예약이 없는데요.

That's strange.는 예상외의 상황에서 '이상하네요' 하고 놀랄 때 종종 쓰는 말이다. 한편 상대방에게 뭔가를 보여 주면서 이야기할 때는 Here's ~.(여기 ~예요.)로 말하면 된다. 우리가 흔히 '바우처'라고 부르는 '예약 확인서'는 booking confirmation이라고 하니 함께 알아두자.

9 Could you keep my luggage until three?

Your room isn't ready yet.
아직 방이 준비되지 않았습니다.

호텔에 일찍 도착해도 청소 등 방 준비가 끝나지 않았다면 들여보내 주지 않는다. 이때는 호텔 측에 짐을 맡겨 놓고 편하게 주변을 관광하자. '맡기다'는 어렵게 생각하지 말고 동사 keep을 쓰면 되고, '~까지'를 뜻하는 전치사는 until이다.

10 What time is breakfast served?

간단하게 '조식은 몇 시에 제공되나요?'라고 물어보면 된다. '(식사를) 제공하다, 대접하다'라는 의미의 동사 serve를 활용하자. 참고로 '아침식사는 어디서 하나요?'는 Where is breakfast served?라고 하면 되고, 아침식사 제공 시간이 정확히 몇 시까지인지 확인하고 싶을 때는 What time is breakfast served until?이라고 물어보자.

가져온 노트북으로 인터넷 서핑을 하고 싶다.

11 방에서 인터넷 쓸 수 있나요?

방에서 무료 와이파이(Wi-Fi)도 쓸 수 있다는데 비밀번호를 물어보자.

12 와이파이 비밀번호는 무엇인가요?

면세점(duty-free shop)에서 산 귀중품을 프런트에 맡겨 놓자.

13 여기다 귀중품을 맡겨 놓을 수 있나요?

방까지 짐을 옮겨다 준 호텔 직원에게 팁(tip)을 주며 감사를 표하자.

14 도와주셔서 감사합니다.

⑪ Is there an Internet connection in the room?

뭔가가 있는지 물어볼 때 쓰는 Is there ~?를 써서 '방에 인터넷 연결이 있나요?'와 같이 물어보면 된다. Does the room have an Internet connection?이라고 해도 상관없다. 참고로 돈을 내야 하는 서비스인지 궁금하다면 Is it free of charge?(무료인가요?)라고 물어보자.

⑫ What is the Wi-Fi password?

'비밀번호'는 password라고 한다. 참고로 '무료 와이파이가 있어요?'는 Is there free Wi-Fi?라고 물어보면 된다.

⑬ Can I check my valuables here?

프런트에 소지품을 맡길 때는 check란 동사를 쓴다. '(호텔, 식당 등에 짐을) 맡기다, 보관시키다'란 뜻이 있다. 나중에 맡긴 물건을 돌려받고 싶을 때는 프런트에 가서 I'd like my valuables back.(귀중품 반환 부탁드려요.)라고 말하면 된다.

⑭ Thank you for your help.

'도와주셔서 감사합니다'라고 할 때 영어로는 '도움에 대해 감사합니다'라고 표현한다. 짐 하나당 1~2달러의 팁을 주면서 이렇게 말해 보자.

앗, 샤워를 하려는데 찬물밖에 안 나온다!

⑮ 뜨거운 물이
안 나오는데요.

에어컨까지 고장 났나 보네. 프런트에 전화해야겠다.

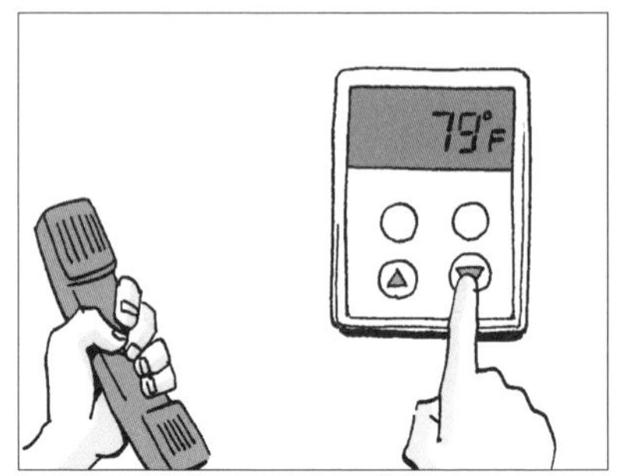

⑯ 에어컨이 안 되는 것 같은데
좀 봐 주시겠어요?

꼬르륵~ 한밤중인데 배가 고프다.

⑰ 이 주변에 24시간 영업하는
식품점이 있나요?

프런트에 열쇠를 맡겨 놓고 먹을 거라도 사러 가야지.

⑱ 잠깐 뭘 좀 사러 갔다 올게요.

⑮ Hot water won't come out.

'뜨거운 물, 온수'는 how water, '나오다'는 come out이다. 간단하지만 실제로는 쉽게 안 나오는 말이니 잘 익혀 두자. 미래 부정형인 will not의 줄임말 won't는 '(좀처럼, 잘) ~하지 않는다'와 같이 생각대로 잘 안 되는 상황을 나타낼 때도 쓴다. 예를 들어, '문이 열리지 않아요'는 The door won't open.이라고 한다.

⑯ The air conditioner doesn't seem to work. Can you take a look, please?

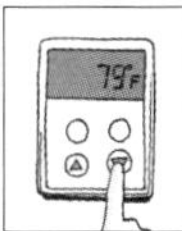

기계가 고장 났을 때는 '(기계 등이) 작동하다'라는 뜻의 동사 work를 써서 표현하면 된다. doesn't work는 '고장 났다'란 뜻이고, doesn't seem to work라고 하면 '고장 난 것 같다'라는 뜻을 나타낸다.

⑰ Is there a 24-hour food store near here?

호텔 주변에 어떤 시설이 있는지 물어볼 때는 Is there ~ near here?를 활용하자. '24시간 영업'은 24-hour라고 한다. 한편 호텔 안에 어떤 시설이 있는지 물어볼 때는 Do you have ~? 패턴을 활용하면 된다. 예를 들어 '수영장 있어요?'는 Do you have a swimming pool?이라고 한다.

⑱ I'm just going out to get something.

카드키가 아닌 옛날 방식의 열쇠일 경우, 외출할 때 무겁게 들고 가지 말고 프런트에 맡겨 놓고 가면 편하다. '열쇠를 놓고 가야 하나요?'는 Do you need my key?라고 한다. 외출하고 돌아왔을 때는 Hi, 1105, please.(안녕하세요. 1105호 열쇠 좀 주세요.)와 같이 말하면 된다. 호텔 방 번호는 네 자리인 경우에는 두 자리씩 끊어 말하는데, 1105호는 eleven-oh-five라고 읽으면 된다. 숫자 0(zero)은 알파벳 o로 발음하므로 주의하자.

디지털 카메라의 배터리를 충전하고 싶은데 콘센트 모양이 다르다.

⑲ 콘센트 어댑터 있어요?

여행 관련 정보를 프린트해서 들고 다니고 싶은데 프린터를 쓸 수 있을까?

⑳ 문서를 출력하고 싶은데요.

엄마한테 엽서를 보내고 싶은데, 호텔에서 보내 달라고 부탁해 볼까?

㉑ 여기서 엽서를
보내주실 수 있나요?

앗! 열쇠를 안에 두고 문을 닫았는데 저절로 잠겨 버렸다. 마침 저기 직원이 지나간다.

㉒ 열쇠를 방 안에 놓고 나와서
못 들어가고 있어요.

⑲ Do you have an outlet adapter?

프런트에 어떤 물건이 있는지 문의할 때는 Do you have ~?(~을 갖고 계세요?)를 써서 물어보자. 우리가 흔히 쓰는 '콘센트'라는 단어는 실제 영어로는 outlet이라고 하므로 주의하자. 한편 다른 종류의 콘센트를 쓰는 나라에서 한국의 전기제품을 사용하고 싶다면 어댑터(adapter)가 필요하다. 한국은 220v를 쓰지만 미국은 110v~120v를 쓴다.

⑳ I'd like to print a document.

'(프린터로) 출력하다'는 print라고 한다. '프린터를 써도 될까요?' 하고 정중하게 물어보려면 May I use your printer? 또는 Do you think I could use your printer?라고 말하면 된다. 호텔 중에는 출장 온 고객들을 위해 컴퓨터와 프린트를 갖춘 business center가 마련되어 있는 경우도 있으므로 Is there a business center?(비즈니스 센터 있습니까?)라고 물어봐도 좋다.

㉑ Is it possible to send a postcard from here?

'~할 수 있을까요?'라고 질문하고 싶을 때 쓸 수 있는 유용한 표현이 Is it possible to + 동사?로, possible은 '가능한'이란 뜻이다. 예를 들어 '더 일찍 체크인 가능한가요?'는 Is it possible to check in earlier?이며 '체크인 전에 짐 맡길 수 있어요?'는 Is it possible to leave my luggage before check-in?이다.

㉒ I locked myself out.

How may I help you, ma'am?
뭘 도와드릴까요?

한국어 문장을 그대로 영어로 옮겨서 I left my key in my room so I can't get in.이라고 해도 좋지만, '문을 잠가 A가 못 들어가게 하다'란 뜻의 lock A out을 쓰면 한 문장으로도 간단하게 표현할 수 있다.

옆 방이 너무 시끄러워 잠을 못 자겠다!
프런트에 전화해서 항의하자.

23 옆 방이 너무 시끄러워요.

내일 오후에 다른 지역으로 이동 예정이다.
그때까지 방에서 푹 쉬고 싶은데….

24 늦게 퇴실해도 되나요?

늘 로망이었던 호텔 방에서의 아침 식사!
룸서비스(room service)를 주문해 보자.

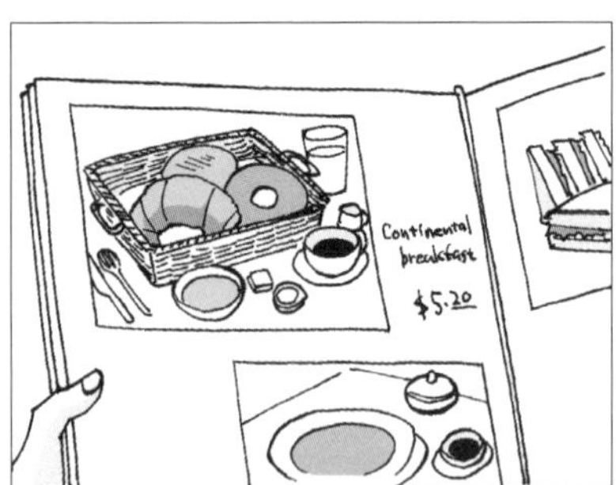

25 1105호실인데요.
유럽식 아침 식사 2개 부탁드려요.

아침에 프런트에서 전화가 왔다.
어제 예약한 투어 차량이 도착한 모양이다.

26 네, 지금 갈게요.

㉓ The guests next door are very noisy.

'옆 방이 시끄럽다'라는 말은 '옆 방에 있는 사람들이 시끄럽게 떠든다'라는 뜻이므로 the guests next door(옆방 투숙객)를 주어로 말하면 된다. '시끄러운'은 형용사 noisy를 쓴다.

㉔ Do you have late checkout?

'늦게 퇴실해도 되나요?'는 '늦은 퇴실이 있나요?'라고 물어보자. '늦은 퇴실'은 late checkout, '빠른 입실'은 early check-in이라고 한다. 여기에 덧붙여 Can I stay until 2 p.m.?(오후 2시까지 있어도 되나요?) / I'd like to leave around 2 p.m.(오후 2시쯤 출발하려고 해요.)와 같이 말을 이어나가자.

㉕ This is room 1105. I'd like two Continental breakfasts, please.

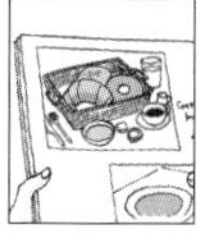

This is room service. How can I help you?
룸서비스입니다. 무엇을 도와드릴까요?

전화로 '~입니다'라고 누군지 밝힐 때는 This is ~.를 쓰며, 뭔가를 정중하게 부탁할 때는 I'd like ~, please.를 쓰면 된다. 예를 들어 '내일 아침 모닝콜 좀 부탁드려요'는 I'd like a wakeup call tomorrow morning, please.라고 한다. 참고로 Continental breakfast는 버터나 잼을 바른 빵에 커피나 홍차 같은 간단한 음료를 곁들이는 유럽식 아침 식사를 말한다.

㉖ Okay, I'm coming now.

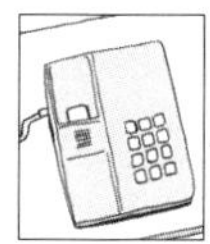

ABC Tour is here to pick you up.
ABC 투어가 손님을 태우려고 왔습니다.

상대방이 있는 곳으로 '가다'라고 말할 때 동사는 go가 아니라 come을 쓰므로 주의하자. 지금 곧 가겠다는 의미는 현재진행형으로 나타내면 된다.

내일은 다른 도시로 이동할 예정이었지만,
이 동네를 좀 더 구경해 보고 싶다.

27 1박 더 연장하고 싶은데요.

퇴실 수속을 하려는데 짐이 너무 많다.
직원을 불러야겠다.

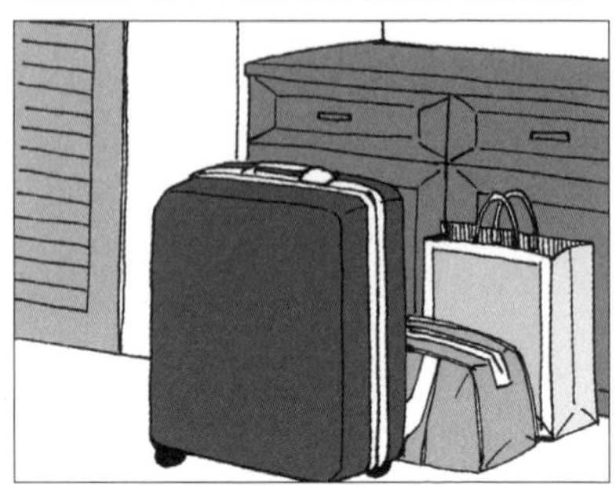

28 체크아웃하고 싶은데요,
짐 좀 옮겨 주시겠어요?

프런트에 가서 퇴실 수속을 하자.

29 체크아웃할게요.

영수증을 받았는데 알 수 없는 추가 요금이
붙어 있다.

30 이건 무슨 요금인가요?

27 I'd like to extend my stay by one night.

'(기한을) 연장하다'라는 의미의 동사는 extend이며, stay는 명사로는 '머무름', 동사로는 '머무르다'라는 뜻이다. Can I stay one more night?(하룻밤 더 묵을 수 있을까요?)이라고 물어봐도 좋다.

28 I'd like to check out. Can I get help with my luggage?

영어에서는 '짐을 옮겨 주시겠어요?'라고 직접적으로 부탁하기보다는, 위의 문장처럼 '짐에 대한 도움을 받을 수 있을까요?'라고 하는 편이 더 정중하고 자연스러운 표현이다. 여기서 help는 '도움'이란 뜻의 명사로 쓰였다. 참고로 미국에서는 짐을 옮겨 달라고 부탁하면 짐 하나당 크기에 따라 1~2달러의 팁을 주는 것이 관례이니 잘 알아두자.

29 I'd like to check out, please.

I'd like ~, please.를 써서 체크아웃을 부탁하자. 체크아웃할 때 직원이 How was your stay? 또는 How was everything?과 같이 호텔에 대한 감상을 물어보는 경우도 있다. 호텔이 만족스러웠다면 It was great. Thanks.와 같이 대답하자. 체크아웃 수속이 마무리되면 직원이 You're all set.(이제 끝났습니다.)이라고 말할 것이다.

30 What's this charge for?

charge는 '요금'이란 뜻으로, 위 문장은 말 그대로 '이건 무엇에 대한 요금인가요?'라는 의미이다. '미니바(음료 냉장고)에서 아무것도 안 마셨어요'라고 항의하려면 I didn't have anything from the minibar.라고 말하면 된다. 호텔에 따라서는 입실할 때 보증금(deposit)을 받았다가, 미니바에서 마신 음료 비용을 여기서 제하고 돌려주기도 한다. 영수증을 잘 살펴보고 잘못된 부분이 있으면 지적하자.

❶ 가장 싼 방은 얼마인가요?

호텔을 예약하려고 전화를 걸었다. 가격을 물어보자.

❶ How much is the lowest-priced room?

'가장 싼'은 cheapest라고 표현해도 되지만, cheap에는 '싸구려의'라는 의미도 있다. lowest-priced(가장 낮은 가격의) 또는 least expensive(가장 덜 비싼)를 쓰는 것이 좀 더 고급스럽게 들린다.

❷ 방 좀 보여 주시겠어요?

너무 가격이 저렴한 게 왠지 수상한데…. 먼저 방 상태를 확인해 보고 싶다.

❷ Could you show me the room?

'보여 주다'라는 뜻의 동사 show를 활용하자. 또는 자기 자신을 주어로 해서 Can I see the room?이라고 해도 같은 의미가 된다. 예약 없이 현지에 가서 방을 구할 때, 값이 저렴한 숙소에서는 이렇게 물어보고 먼저 방을 본 다음 숙박을 확정지으면 안심이다.

❸ 몇 시가 되면 방에 들어갈 수 있나요?

입실 시간이 아직 많이 남았는데 언제 방에 들어갈 수 있을까?

❸ What time will the room be ready?

'몇 시에 방이 준비되나요?'라고 물어보면 깔끔하게 표현할 수 있다. be ready는 '준비가 되다, 사용 가능한 상태가 되다'라는 뜻이다.

4 방을 좀 바꿔 주시겠어요?

이런! 방 상태가 엉망이다. 호텔 직원에게 방을 바꿔 달라고 전화해야겠다.

4 Could you change my room, please?

정중하게 부탁할 때 자주 쓰는 패턴인 Could you ~?로 말해 보자. '(다른 것으로) 바꾸다'는 동사 change를 쓴다. 직원이 방을 바꾸고 싶어 하는 이유를 묻는다면 The room is not clean.(방이 깨끗하지 않아요.)과 같이 말하면 된다.

5 목욕 수건 2장 좀 가져다주시겠어요?

수건이 모자라잖아! 프런트에 전화를 걸어 더 갖다 달라고 부탁하자.

5 Could you bring me two bath towels, please?

베개(pillow), 이불(blanket), 칫솔(toothbrush) 등 추가로 필요한 물건이 있다면 Could you ~?로 갖다 달라고 부탁하자. '가져다주다, 가져오다'는 동사 bring 또는 get을 쓴다. 참고로 bath towel은 목욕 후에 몸에 두르는 큰 수건을 말한다.

6 드라이어 있으세요?

방에 드라이어가 없다. 프런트에 가면 빌려주려나?

6 Do you have a hair dryer?

내가 필요한 물건을 갖추고 있는지 호텔 프런트에 문의할 때는 Do you have ~?를 활용하자. 머리(hair) 말릴 때 쓰는 '드라이어'는 hair dryer이다.

카페 · 패스트푸드점에서

At a Cafe or Fast-Food Restaurant

>>> 미션

카페에 가서 내가 원하는 음료와 간식을 주문하고, 패스트푸드점에서 내 입맛에 딱 맞는 샌드위치도 주문하라!

>>> 미션 표현 먼저 관련 표현을 챙겨라

- ☐ 테이크아웃으로 **to go**
- ☐ 가게 안에서 **for here**
- ☐ 작은 사이즈 **small**
- ☐ 중간 사이즈 **medium**
- ☐ 큰 사이즈 **large**
- ☐ 리필 **refill**
- ☐ 음료 **drink**
- ☐ (햄버거 등의) 세트 **(combo) meal**
- ☐ 감자튀김 **fries**
- ☐ 소금 간이 된 **salted**
- ☐ 소금을 넣지 않은 **unsalted**
- ☐ 무지방 우유 **fat-free milk**
- ☐ 두유 **soy milk**
- ☐ 휘핑크림 **whipped cream**

>>> 미션 전달 다음 상황을 보고 영어로 말하라

카페(cafe)에서 커피 한잔하면서 잠시 쉬었다 가자.

진열장에 있는 먹음직스러워 보이는 빵을 주문하고 싶은데 이름을 모르겠다.

1 카페라테 중간 사이즈로 하나 주세요.

2 이거랑 이거도 주세요.

1 Can I have a medium latte?

Hi. What can I get for you today?
안녕하세요. 뭘 드릴까요?

주문할 때는 흔히 Can I have ~? 또는 I'd like ~.을 쓴다. 한편 음료의 크기는 일반적으로 small, medium, large가 있다. 예를 들어, a small Coke(작은 사이즈 콜라), a medium coffee(중간 사이즈 커피)와 같이 말한다.

2 Can I have this and this, too?

이름을 잘 모르는 음식을 가리키면서 주문할 때는 '이거'라는 뜻의 this를 활용하면 어려운 단어를 쓰지 않고도 쉽게 표현할 수 있다. 메뉴판을 가리키면서 이렇게 주문해도 된다.

머핀(muffin)을 따뜻하게 데워서 먹고 싶다.

③ 좀 데워 주시겠어요?

더 필요한 건 없냐고 직원이 물어본다.

④ 아니요. 그게 다예요.

가게 안에서 먹을지 포장해서 가져갈지 물어본다.

⑤ 여기서 먹을게요.

커피를 받을 때 이름을 어떻게 불러 줄지 직원이 물어본다.

⑥ 지호예요. J-I-H-O

❸ Can you heat it up?

부탁할 때 자주 쓰는 패턴 Can you ~?를 활용해서 말해 보자. '(음식을) 데우다, 따뜻하게 만들다'는 heat up이다. 직원이 먼저 Would you like me to heat it up?(데워 드릴까요?)이라고 물어보는 경우도 있다. 참고로 샌드위치가 너무 커서 반으로 잘라 달라고 부탁할 때는 Can you cut it in half?라고 하면 된다.

❹ No, that's all.

Anything else? 더 필요한 건 없으세요?

Anything else?는 직역하면 '또 다른 거 있나요?'가 되는데 가게나 식당에서 '다른 주문은 없으십니까?', '더 필요한 건 없으세요?'를 확인할 때 이렇게 묻는다. 같은 의미로 Is that it? 하고 물어볼 때도 있는데, 이때는 Yes, that's it.(네, 그게 다예요.)이라고 답하면 된다.

❺ For here, please.

For here or to go?
여기서 드실 건가요, 가지고 가실 건가요?

'가게 안에서 드실 건가요, 아니면 가지고 가실 건가요?'는 영어로는 For here or to go? 또는 Stay or go?라고 물어본다. 가게에서 먹고 싶을 때는 For here, please., 테이크아웃을 할 경우에는 To go, please.로 답하면 된다.

❻ Jiho. J-I-H-O.

What's your name? 이름이 뭔가요?

주문한 음료가 준비되면 이름을 불러 주는 시스템인 경우, 주문할 때 이름을 물어보고 음료가 나오면 Medium latte for Jiho.(지호 님을 위한 중간 사이즈 카페라테 나왔습니다.)처럼 불러 준다. 외국인들은 한국 이름에 익숙하지 않으므로, 이름을 말한 다음 스펠링까지 불러 주면 더 쉽게 알아들을 것이다.

커피를 주문했더니 크림과 설탕을 넣을지 물어본다.

7 아니요, 블랙으로 주세요.

베지 버거(veggie burger)? 어떤 맛일까? 어떤 재료가 들어가는지 질문해 보자.

8 베지 버거에는 뭐가 들어가나요?

샌드위치(sandwich)를 주문해야지. 빵 종류도 고를 수 있는 것 같다.

9 파스트라미 샌드위치 하나, 호밀빵으로 해 주세요.

샌드위치 안에 넣는 재료를 고를 수 있다는데 뭐가 뭔지 모르겠다.

10 전부 넣어 주세요.

❼ No, I'll take it black.

Cream and sugar? 크림과 설탕 넣어 드릴까요?

위처럼 직원이 물어볼 때 설탕만 넣고 싶다면 Just sugar, please., 크림과 설탕을 둘 다 넣고 싶다면 Yes, please.라고 답하자. 블랙으로 먹고 싶다면 I'll take it black.이라고 말한다. 아예 주문할 때 직원에게 Without cream or sugar.(크림과 설탕 없이요.)라고 미리 말해 줘도 좋다.

❽ What's in the veggie burger?

음식 재료로 무엇이 들어가는지 알고 싶을 때는 What's in ~?(~속에 무엇이 있나요?)으로 물어보면 된다. 참고로 veggie burger는 패티에 고기를 쓰지 않고 콩, 밀가루 등 비슷한 식감의 재료를 이용해 만든 버거를 말한다. veggie는 '채소(vegetable), 채식주의자(vegetarian)'이란 뜻이다.

❾ A pastrami sandwich on rye, please.

패스트푸드점에서 음식을 주문할 때는 '음식 이름, please.'로 간단하게 말해 보자. 가게에 따라 샌드위치를 주문할 때 빵 종류를 다양하게 선택할 수도 있다. white(흰 빵), wheat(밀 빵), rye(호밀 빵), Kaiser roll(카이저 롤: 겉은 바삭하고 속은 부드러운 롤 빵) 등의 선택지가 있는데, 이 앞에 전치사 on을 써서 주문하면 된다. 참고로 빵을 구워 달라고 할 때는 Please toast it.이라고 부탁하자. toast는 동사로는 '(빵을 토스터에 넣어) 굽다'라는 뜻이 있다.

❿ Everything, please.

What would you like on it?
빵에 무엇을 올려 드릴까요?

점원이 샌드위치에 넣을 재료를 물어보는 경우가 있다. 전부 다 넣어 달라고 할 때는 Everything, please.라고 말하면 되지만, 싫어하는 재료가 있다면 No ~, please.로 그것만 빼 달라고 하면 된다. 예를 들어 '피클 빼 주세요'는 No pickles, please.라고 한다.

❶ 아이스 아메리카노
큰 사이즈로 한 잔 주세요.

날이 너무 덥다. 시원한 아이스 커피를 주문해야지.

❶ Can I have a large iced Americano?

커피를 주문할 때는 크기(small, medium, large)를 먼저 말하고, 뜨거운(hot) 것인지 차가운(iced) 것인지 말한 다음 커피 종류(Americano, latte, cappuccino)를 말하면 된다. 참고로 유럽에서는 진한 espresso를 주로 마시므로 아메리카노를 취급하지 않는 카페가 많다. 꼭 마시고 싶으면 스타벅스 같은 체인점을 이용하자.

❷ 작은 거로 주세요.

커피를 주문했더니 사이즈(size)를 뭐로 할 건지 물어본다.

❷ Small, please.

직원: **What size would you like?**
어떤 사이즈로 드릴까요?

small, medium, large 같은 사이즈 뒤에 please만 넣어서 답하면 된다. 참고로 스타벅스에서는 컵 사이즈를 Tall, Grande, Venti라고 다르게 쓰므로 주의하자.

❸ 냅킨 좀 주시겠어요?

테이블에 커피를 좀 흘려서 닦고 싶다.

❸ Can I get some napkins?

뭔가를 달라고 부탁할 때는 Can I get ~?으로 물어보면 좋다. '설탕 좀 주시겠어요?'는 Can I get some sugar?, '빨대를 주시겠어요?'는 Can I get a straw?이다.

❹ 1번 세트 주세요.

햄버거에 음료와 감자튀김이 함께 나오는 1번 세트를 주문하고 싶다.

❹ I'd like a number 1.

햄버거의 세트는 set라고 하지 않고 meal 또는 combo meal이란 표현을 쓴다. 하지만 세트 메뉴를 주문할 때는 굳이 이런 표현을 쓸 것 없이 간단히 번호(number)만 이야기해도 된다.

❺ 양파는 빼 주세요.

샌드위치를 주문하는데 속에 양파는 안 넣고 싶다.

❺ No onions, please.

싫어하는 재료는 No ~, please.로 빼 달라고 부탁하자. 채 썬 양파는 여러 개로 보기 때문에 복수로 onions라고 해야 한다. 카페에서 주문할 때도 No syrup, please.(시럽은 빼 주세요.), No ice, please.(얼음은 빼 주세요.)처럼 말할 수 있다.

❻ 리필 되나요?

패스트푸드점에서 콜라(Coke)를 보충해서 마실 수 있는지 궁금하다.

❻ Can I get a refill?

'다 마신 음료를 다시 채우는 것'을 refill이라고 한다. get a refill은 '리필을 받다'라는 뜻이다. 서양의 패스트푸드점에서는 음료 기계에서 손님이 직접 음료를 따라 마시므로 리필이 자유로운 경우가 많다.

식당에서

At a Restaurant

>>> 미션

식당에 전화를 걸어 자리를 예약하라! 식당에서 내가 원하는 음식을 주문하고, 맛있게 식사한 후 계산까지 완벽하게 끝내라!

>>> 미션 표현 먼저 관련 표현을 챙겨라

- ☐ 메뉴 **menu**
- ☐ 전채, 식전주 **appetizer**
- ☐ 메인 요리 **entrée, main course**
- ☐ 후식, 디저트 **dessert**
- ☐ 계산서 **check**
- ☐ 팁 **tip**
- ☐ 뷔페식 **buffet style**
- ☐ (큰 접시에 담긴) 요리 **platter**
- ☐ 오늘의 요리 **today's special**
- ☐ 포장용 상자 **to-go box**
- ☐ (탄산이 없는) 생수 **still water**
- ☐ 탄산수 **sparkling water**
- ☐ 무제한 **all-you-can-eat**
- ☐ 한 접시 추가 **another helping**

>>> 미션 전달 다음 상황을 보고 영어로 말하라

예약을 안 하고 왔는데 자리가 있으려나?

❶ 세 명 자리 있나요?

❷ 얼마나 기다려야 하나요?

❶ Do you have a table for three?

How many are in your party? 몇 분이신가요?

'몇 분이신가요?'는 How many (people) are in your party?라고 물어본다. 종업원이 이렇게 물어보면 Do you have ~?를 써서 '3인을 위한 테이블이 있나요?'처럼 말하는 것이 일반적이다. 간단하게 A table for three, please.라고 해도 좋다.

❷ How long is the wait?

I'm sorry. We're full right now. 죄송하지만 지금은 만석입니다.

직역해서 How long will we wait?이라고 해도 뜻은 통하지만, 영어로는 How long is the wait?이 더 자연스러운 표현이다. wait은 명사로 '대기 시간'이란 뜻이 있다.

아까 대기 시간이 5분 정도라고 했는데, 입구에서 10분은 기다린 것 같다.

③ 앞으로 얼마나 더 걸리나요?

대기 손님이 많아서 적어도 30분 정도는 기다려야 하는 모양이다.

④ 그럼 다음에 다시 올게요.

인기 있는 식당을 예약하려고 한다. 전화로 영업시간을 물어보자.

⑤ 몇 시부터 문을 여나요?

전화로 식당 예약을 해 두자.

⑥ 오늘 저녁 8시에
2명 예약하려고 하는데요.

③ How much longer will it take?

시간이 걸리는 정도를 물어볼 때는 '얼마나 오래'를 뜻하는 How long을 쓰지만, 얼마나 더 걸리는지를 궁금할 때는 비교급 longer 앞에 much를 넣어 How much longer로 물어보자. 시간을 나타내는 it을 주어로 하여 '(시간이) 걸리다'라는 의미의 동사 take를 활용해서 말해 보자.

④ I'll come back another time then.

I'm not sure. It could be 30 minutes or more.
잘 모르겠네요. 30분이나 그 이상 기다리셔야 할 것 같아요.

another time은 '다음에, 나중에'라는 뜻이므로, 이렇게 말하면 기다리지 않고 다음에 다시 오겠다는 의미가 된다. 기다릴 생각이라면 Okay, I'll wait.이라고 답하자.

⑤ What time do you open?

문 여는 시간을 물어볼 때는 What time are you open from?이라고 말할 수도 있다. 참고로 '오늘 몇 시까지 영업하시나요?'는 What time are you open until today? 또는 What time do you close today?라고 하며, '영업시간이 어떻게 되세요?'는 What are your business hours?라고 물어본다.

⑥ I'd like to reserve a table for two for 8 p.m. tonight.

reserve는 '예약하다'라는 뜻의 동사로, 식당을 예약할 때는 reserve a table(테이블을 예약하다)이라는 표현을 쓴다. 뒤에는 전치사 for와 함께 예약하고 싶은 인원 수와 구체적인 시간을 덧붙이면 된다. '내일 저녁 8시에'는 for 8 p.m. tomorrow night, '23일 저녁 8시에'는 for 8 p.m. on the 23rd라고 한다. 참고로 그냥 '예약하고 싶은데요'라고 하려면 I'd like to make a reservation.이라고 하면 된다.

어제 전화로 예약한 식당에 도착했다.
입구에서 예약했다고 말해야겠다.

⑦ 안녕하세요.
8시에 예약한 사람인데요.

너무 배가 고파서 빨리 음식을 고르고 싶다.

⑧ 실례지만 메뉴판 좀 주실래요?

웨이터(waiter)가 "주문 정하셨어요?"라고
물어보는데 아직 결정 못했다.

⑨ 조금만 더 있다가
주문해도 될까요?

이 식당은 어떤 음식이 맛있을까?

⑩ 추천 메뉴는 무엇인가요?

⑦ Hi. I have a reservation for 8 o'clock.

make a reservation은 '예약하다'란 뜻이지만 have a reservation은 '예약이 되어 있다'라는 뜻이 된다. 위처럼 말한 다음에 My name is Misun Park.(제 이름은 박미선입니다.)와 같이 예약한 이름을 대면 된다. 또는 I have a reservation under the name of Misun Park.(박미선이란 이름으로 예약했어요.)이라고 말해도 좋다.

⑧ Excuse me. Can I have the menu?

메뉴판을 갖다 달라고 부탁할 때는 Can I have ~?로 물어보면 된다. 간단하게 The menu, please.라고 말해도 좋다. 또한 식당에서 직원을 부를 때는 Waiter! 또는 Waitress!라고 큰 소리로 부르면 무례하게 여겨질 수 있다. 눈을 마주친 후 손을 들면서 Excuse me.라고 말을 걸자.

⑨ Can we have a few more minutes?

Ready to order?
주문하시겠어요?

웨이터에게 (Are you) ready to order?(주문할 준비 되셨어요?) / (Are you) all set?(주문 정하셨어요?) / May I take your order?(주문받아 드릴까요?) 같은 질문을 받았을 때, 아직 메뉴를 못 정했다면 위와 같이 말하면 된다.

⑩ What do you recommend?

'추천 메뉴는 무엇인가요?'는 '무엇을 추천해 주시겠어요?'로 바꿔서 생각하면 쉽다. '추천하다'는 뜻의 동사 recommend를 써서 말해 보자. 참고로 '오늘의 요리는 무엇인가요?'는 What's today's special?, '이 지방 특산물은 무엇인가요?'는 What's the local specialty?라고 한다.

사진은 참 맛있어 보이는데… 처음 보는 요리라 선뜻 고르기가 망설여진다.

이곳 요리는 양이 많단 이야기를 들었다. 혹시 모르니 확인해 보자.

⑪ 이건 어떤 요리인가요?

⑫ 이건 양이
어느 정도 되나요?

우와, 옆 자리에서 먹고 있는 요리가 진짜 맛있어 보인다!

간신히 주문 결정! 웨이터에게 말을 걸자.

⑬ 저 분이 드시는 건 뭔가요?

⑭ 주문해도 될까요?

⑪ What kind of dish is this?

'어떤 ~'라고 할 때는 '종류'란 뜻의 kind를 활용하여 What kind of ~(어떤 종류의 ~)를 쓴다. 예를 들어 웨이터에게 '어떤 음료가 있나요?'라고 물어보려면 What kinds of drinks do you have?라고 하면 된다. 한편 dish에는 '접시'란 뜻 외에도 '(단품) 요리'란 뜻이 있으니 주의해서 알아두자.

⑫ How big is this dish?

요리의 양을 알고 싶을 때는 How big ~?으로 크기가 얼마나 되는지 물어보자. 형용사나 부사 앞에 how가 오면 '얼마나'라는 뜻이 되어 양이나 정도를 물어볼 수 있다. 예를 들어 가격을 물어볼 때는 How much ~?, 기간이나 걸리는 시간을 물어볼 때는 How long ~?, 거리를 물어볼 때는 How far ~?를 사용한다.

⑬ What's that dish he's having?

dish라는 명사를 he's having(저 사람이 먹고 있는)이 수식하는 형태이다. 이렇게 말할 때는 요리를 먹고 있는 사람에게 들리지 않도록 살짝 물어보는 것이 매너. 덧붙여 '저 분이 먹고 있는 걸로 주세요'라고 할 때는 I'll have what he's[she's] having.이라고 말하면 된다.

⑭ Can I order, please?

보통은 웨이터가 주문을 확인하러 오지만, 바빠서 이쪽을 신경 쓰지 못한다면 이와 같이 말을 걸어 보자. 격식 없는 식당에서는 May I ~?보다는 편하게 Can I ~?를 쓰는 것이 일반적이다.

메뉴판을 가리키면서 웨이터에게 주문하자.

⑮ 시저 샐러드랑
송아지 볶음요리 주세요.

친구랑 같은 메뉴를 먹고 싶다.

⑯ 저도 같은 걸로 할게요.

스테이크(steak)를 주문했더니 굽기 정도를 물어본다.

⑰ 미디엄 레어로 주세요.

B O N U S +

스테이크를 미디엄 웰(medium well)로 주문했는데 고기가 너무 덜 익었다.

My steak is undercooked.
스테이크가 덜 익었어요.

⑮ Can I have the Caesar salad and the veal sauté?

웨이터가 Are you ready to order?라고 물어본다면 Yes.라고 답하고 위처럼 주문하면 된다. 주문할 때는 Can I have ~?(~을 먹을 수 있나요?) 패턴을 쓰면 간단하고 쉽게 표현할 수 있다. 이때 요리 이름 앞에 붙은 the는 '이 (메뉴에 있는) ~'의 의미로 쓰인 것이다. 참고로 Caesar salad는 로메인 상추, 식빵을 잘라 네모 모양으로 만든 크루통, 달걀 등의 재료로 만든 샐러드를 말하며, veal은 '송아지 고기', sauté는 기름을 약간 두르고 센 불에 볶아 만드는 요리를 말한다.

⑯ I'll have the same.

음식을 주문할 때는 I'll have ~.(~을 먹겠습니다.)란 표현도 많이 쓴다. '같은 것'은 the same이라고 표현하면 된다. 또는 Make that two, please.라고 해도 좋은데, '그거 둘로 나누어 주세요'라는 뜻이 아니라 '(똑같은 것을) 두 개 주세요'라는 의미이다.

⑰ Medium rare, please.

How would you like your steak?
스테이크 굽기는 어떻게 해 드릴까요?

육류를 주문할 때 How would you like it?이라고 질문을 받았다면, 고기를 얼마나 익힐지 물어보는 것이다. 많이 익힌 정도에 따라 well done / medium well / medium / medium rare / rare로 분류할 수 있는데, 이 뒤에 please만 붙여서 답하면 된다.

>>> 미션 힌트 어느 정도 구워야 미디엄 레어일까?

스테이크를 주문할 때 얼마나 익혀 달라고 해야 할지 고민되는 경우가 많다. well done은 말 그대로 고기가 '잘 요리된' 상태로, 겉과 속을 모두 바싹 익힌 상태를 말한다. 그 다음 단계는 medium well로, 안쪽이 회색과 분홍빛 중간 색을 띄는 상태이다. medium은 '중간의'라는 뜻인데, 겉은 모두 익혔지만 안쪽의 25%가 분홍빛을 띠는 상태를 말하며, 안쪽을 50% 정도만 익힌 상태가 medium rare이다. 마지막으로 rare는 겉만 아주 살짝 익힌 상태를 말한다.

메뉴판 사진에 나온 음식 양이 엄청 많아 보인다.

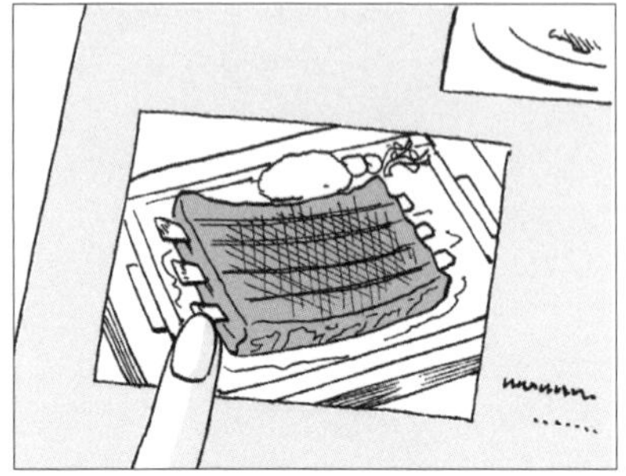

18 이거 친구와 같이 나눠 먹어도 되나요?

종업원이 요리를 가져다 주면서 "맛있게 드세요."라고 했다.

19 고마워요. 잘 먹겠습니다.

주문한 지 30분이나 지났는데… 언제까지 기다려야 되려나?

20 제가 주문한 샐러드가 아직 안 나왔는데요.

화장실 좀 다녀와야지.

21 화장실은 어느 쪽인가요?

⑱ Can we share this?

'같이 나눠 먹다'는 '공유하다, 나누다'는 의미의 동사 share를 사용해서 말해 보자. 외국 식당은 보통 1인 1메뉴 주문이 원칙이지만, 양이 너무 많아 보이는 스테이크나 피자 같은 요리라면 이렇게 물어보면 된다.

⑲ Thank you.

Enjoy your meal.
맛있게 드세요.

'잘 먹겠습니다'에 해당하는 영어 표현은 존재하지 않는다. 종업원이 요리를 갖다 주며 Here you go!(여기 있어요!) / Enjoy your meal!(맛있게 드세요!)이라고 말했을 때는 그냥 Thank you.라고 답하면 충분하다. 이 뒤에 It looks delicious.(맛있어 보여요.)라고 한 마디 덧붙여도 좋다.

⑳ My salad hasn't come yet.

'아직 안 나왔다'라고 할 때는 hasn't come yet이란 표현을 쓴다. 여기에 덧붙여서 '주문한 지 30분이 넘었어요'라고 항의하고 싶을 때는 I ordered it over thirty minutes ago.라고 하면 된다.

㉑ Where's the restroom?

'화장실'은 영국 영어에서는 toilet이라고 하지만, 미국 영어에서 toilet은 '변기'란 뜻이다. 따라서 이 단어를 써서 말하면 의미는 통하겠지만 세련되지 못한 표현이 된다. 화장실은 공공 건물의 경우 restroom, 개인 주택의 경우에는 bathroom이라는 표현을 쓰자.

술은 이제 그만 마시고 물을 마셔야겠다.

22 물 좀 주시겠어요?

수돗물과 병에 담긴 물 중에 무엇으로 할지 물어본다.

23 수돗물로 주세요.

어? 이런 요리를 주문했던가?

24 이거 주문 안 했는데요.

BONUS +

스프가 너무 짜서 못 먹을 정도이다.
웨이터를 불러 컴플레인을 하자.

This is too salty.
이거 너무 짜요.

㉒ Can I have some water?

물을 달라고 할 때도 음식을 주문할 때 쓰는 Can I have ~?로 부탁하면 된다. '약간의, 조금'이라는 뜻의 some이 없어도 의미는 통하지만 some을 붙이면 좀 더 자연스러운 느낌을 준다.

㉓ Tap water is fine.

Would you like tap water or bottled water?
수돗물과 생수 중에 뭘 드릴까요?

외국 식당에서 물을 주문하면 무료인 수돗물과 유료인 생수 중 뭘 원하는지 확인한다. 음식점에 따라서는 웨이터가 Tap water or bottled water?라고 간단히 질문하는 경우도 있다. ~ is fine.은 '~으로 괜찮습니다'니까 '~으로 주세요'와 같은 뉘앙스를 갖는다.

㉔ I don't think we ordered this.

Here you go.
여기 있습니다.

음식이 잘못 나왔다면 I don't think ~.(제 생각에는 ~이 아닌 것 같아요.)라고 조심스럽게 돌려 말하는 표현을 써서 말해 보자. 참고로 '저희가 주문한 메뉴와 다른 것 같은데요'는 I don't think this is what we ordered.라고 한다.

>>> 미션 힌트 물이 항상 공짜인 것은 아니다!

한국에 있는 식당에서는 기본적으로 물을 무료로 제공하지만, 미국이나 유럽 등 외국에 있는 식당에서는 물 역시 유료로 판매하는 경우가 대부분이다. 무료로 제공되는 물도 있는데 바로 tap water(수돗물)이다. 수돗물이라고 하면 마시기 부적합하고 생각하기 쉬운데, 외국에서는 가정에서도 수돗물을 많이 마시므로 굳이 돈을 쓰고 싶지 않다면 tap water를 주문하자. 지역에 따라서는 물에 석회질이 섞여 있는 경우도 있으므로 마시기 찝찝하다면 에비앙(Evian)처럼 병에 든 bottled water(생수)를 돈을 주고 사 먹으면 된다. 외국 음식 중에는 기름진 것이 많다 보니 sparkling water(탄산수)도 식당에서 많이 판매한다. 기호에 따라 원하는 물을 선택하자.

담당 웨이터가 나온 음식이 괜찮은지 물어본다.

25 네. 전부 좋아요. 감사합니다.

음식 양이 너무 많아서 다 먹지 못했다. 남은 음식은 호텔로 가져가야지.

26 이거 싸 가도 되나요?

웨이터가 디저트(dessert)는 무엇으로 할지 물어본다.

27 아, 저는 괜찮아요.

BONUS +

디저트를 먹고 싶은데 어떤 메뉴가 있는지 물어보자.

What kind of dessert do you have?
어떤 디저트가 있나요?

㉕ Yes. Everything is great. Thank you.

Is everything okay?
음식은 괜찮으신가요?

식사를 하는 중간에 웨이터에게 How's everything?과 같은 질문을 받았다면 보통 이렇게 칭찬하면 된다. This is very good.(이거 정말 맛있네요.)과 같이 답해도 좋다. 참고로 웨이터가 All set?이라고 물어보면 '주문하신 음식 모두 나왔나요?'라는 의미이다.

㉖ Can I take this home?

'가지고 가다'라는 뜻의 동사 take을 이용하면 간단하게 말할 수 있다. 또는 Can I have a to-go box?(포장용 상자 좀 주시겠어요?)라고 하거나 Can I have a doggy bag?(포장용 용기를 주시겠어요?)이라고 말해도 좋다.

㉗ Oh, I'm fine. Thank you.

Would you like some dessert?
디저트 좀 드릴까요?

웨이터가 Would you like anything else?(더 필요한 것 없으세요?)와 같이 물어볼 때도 이렇게 답하면 된다. It's okay, I'm full.(이제 배가 불러서 괜찮아요.)라고 답해도 좋다. 이와 같이 말하면서 계산을 부탁하면 자연스럽다.

>>> 미션 힌트 doggy bag은 개를 넣는 가방일까?

doggy(개의)라는 단어 때문에 오해하기 쉽지만, doggy bag은 개를 넣는 가방이 아니라 남은 음식을 싸 가는 포장용 용기를 뜻한다. 식당에서 먹다 남은 음식을 포장해서 집에 있는 애완견에게 갖다 준 데서 유래한 표현이다. 물론 지금은 사람이 먹을 생각으로 가져가는 경우가 많지만 여전히 doggy bag이란 표현을 쓰고 있다. 대부분의 식당에서는 종이봉투, 비닐봉지, 플라스틱 용기 등 이런 doggy bag을 마련해 두었다가 손님이 요청하면 갖다 준다.

정말 만족스러운 식사였다.
이제 슬슬 숙소로 돌아갈까?

28 **계산 부탁드려요.**

계산은 어디서 하지?

29 **계산은 테이블에서 하나요?**

웨이터가 무척 친절했다. 고맙다는 인사를 해야겠다.

30 **친절한 서비스 감사합니다.**

식당을 나오면서 "안녕히 가세요." 하고 배웅하는 직원에게 인사하자.

31 **잘 먹었습니다.
안녕히 계세요.**

28 Can I have the check, please?

계산을 부탁할 때는 Can I have ~?로 계산서를 갖다 달라고 말하면 된다. '계산서'는 미국에서는 check, 영국에서는 bill이라고 한다. 웨이터가 먼저 다가와서 (Are you) all set?이라고 물어볼 수도 있다. 이때는 앞에서 나온 '주문하시겠습니까?', '주문하신 음식 모두 나왔나요?'란 뜻이 아니라 '식사는 다 마치셨습니까?'라는 뜻이다. 다양한 뜻을 가진 표현이니 잘 기억해 두자.

29 Do I pay at the table?

한국에서는 계산서를 들고 카운터에 가서 계산을 하는 경우가 많지만, 서양의 식당들은 일반적으로 테이블로 계산서를 가져다 준 뒤 앉은 상태에서 계산을 한다. 어떻게 계산하는지 잘 모르겠다면 이렇게 물어보면 된다.

30 Thank you for the great service.

계산하고 나갈 때는 웨이터에게 위와 같이 칭찬해도 좋다. It was a great dinner.(저녁 식사 정말 맛있었어요.)라는 표현도 자주 쓴다. 참고로 미국에서는 웨이터에게 음식값의 15~20%를 팁으로 주는 것이 일반적이다. 이렇게 인사하면서 팁 챙기는 걸 잊지 말자.

31 Thank you. You, too.

Have a good night.
안녕히 가세요.

한국에서는 계산하고 나오면서 '잘 먹었습니다'와 같이 인사하는 경우가 있지만, 영어에는 여기에 해당하는 인사말이 없다. 식당을 나서면서 인사를 건넬 때는 Have a good night.(좋은 밤 되세요.) 또는 Thank you.(고맙습니다.)라고 말하면 된다. 상대방이 먼저 인사를 건넸을 때는 You, too.(당신도요.)라고 간단히 답하면 된다.

❶ 복장 규정이 있나요?

고급 레스토랑에서는 정장을 입어야 한다고 하던데. 전화로 물어봐야겠다.

❶ Is there a dress code?

'복장 규정'은 a dress code라고 한다. 고급 레스토랑의 경우 복장에 제한을 두는 곳이 많으니 주의하자. 남성이라면 Do I need a jacket?(재킷이 필요한가요?)과 같이 확인해 보자.

❷ 창가 쪽 테이블에 앉을 수 있을까요?

멋진 전망을 볼 수 있는 창가 쪽 테이블에 앉고 싶다.

❷ Could we have a table near the window?

정중하게 뭔가를 부탁할 때는 Could we ~?를 사용하면 좋다. Do you have a table near the window?(창가 쪽 테이블 있나요?)라고 물어 볼 수도 있다.

❸ 이 요리하고는 어떤 게 어울리나요?

와인(wine)을 한 병 시켜 볼까? 웨이터에게 추천을 받아 보자.

❸ Which one goes with this dish?

go with ~는 '~과 잘 맞다, 어울리다, 조화를 이루다'라는 의미이다. Your jacket doesn't go with your shirt.(당신 재킷과 셔츠가 안 어울려요.) 처럼도 쓴다.

④ 디저트 메뉴판 좀 주시겠어요?

배는 부르지만 디저트 배는 또 따로 있지.

④ Can I have the dessert menu?

메뉴판을 달라고 부탁할 때는 음식을 주문할 때와 마찬가지로 Can I have ~?를 활용하자. 한편 와인 메뉴판을 부탁할 때는 Can I see the wine list?(와인 목록 좀 볼 수 있을까요?)라고 물어보면 된다.

⑤ 커피 한 잔 더 주시겠어요?

달콤한 디저트를 먹다 보니 커피를 한 잔 더 마시고 싶어졌다.

⑤ Can I have another cup of coffee?

'한 잔 더'는 another cup[glass] of ~라고 한다. another는 '또 하나의, 더'라는 뜻이며, coffee(커피)나 tea(차)처럼 뜨겁게 먹는 음료는 cup을 쓰고, wine(와인), milk(우유)처럼 차게 먹는 음료는 glass를 쓴다. 예를 들어 '와인 한 잔 더'는 another glass of wine이라고 한다.

⑥ 음식에 머리카락이 있어요.

음식을 먹다가 머리카락을 발견했다! 웨이터를 불러 항의해야겠다.

⑥ There is a hair in my meal.

식사를 하다 음식에 문제가 있다면 바로 항의하자. There is ~. 구문을 써서 이물질이 음식 안에 있다고 말하면 된다.

쇼핑할 때

Shopping

>>> 미션

현지에서만 구할 수 있는 희귀 아이템을 찾아라! 쇼핑하면서 점원과 대화를 나누고 마음에 드는 물건을 구입하라!

>>> 미션 표현 먼저 관련 표현을 챙겨라

- ☐ 기념품 **souvenir**
- ☐ 점원 **clerk**
- ☐ 계산대, 계산원 **cashier**
- ☐ 탈의실 **fitting room**
- ☐ 사이즈가 맞다 **fit**
- ☐ 환불 **refund**
- ☐ 둘러보다 **look around**
- ☐ 배송하다 **ship**
- ☐ 배송비 **shipping fee**
- ☐ 추가 요금 **extra charge**
- ☐ 보증, 보증서 **warranty**
- ☐ 선물용으로 포장하다 **gift-wrap**
- ☐ 신용카드 **credit card**
- ☐ 직불[체크]카드 **debit card**

>>> 미션 전달 다음 상황을 보고 영어로 말하라

가게 안을 여기저기 둘러보는데 점원이 찾는 물건이 있냐며 말을 걸었다.

진열되어 있는 인형을 직접 살펴보고 싶다.

❶ 괜찮아요.
구경만 좀 할게요.

❷ 이거 잠깐
보여 주시겠어요?

❶ No, thank you. I'm just looking.

Can I help you find something?
물건 찾는 것 좀 도와드릴까요?

점원이 May I help you?(도와드릴까요?)와 같이 말을 걸어 왔을 때 거절하고 싶다면 No, thank you.라고 말하면 된다. '구경만 좀 할게요'는 I'm just looking around.라고 해도 좋다. 점원의 도움을 받고 싶은 경우라면 Yes, I'm looking for ~.(네, ~을 찾고 있어요.)라고 이야기하면 된다.

❷ Can I take a look at this?

상품을 보여 달라고 요청할 때는 Can I ~?로 물건을 봐도 되겠냐고 물어보자. take a look은 '잠깐 보다, 한번 보다'라는 뜻이다. 또는 Can you show me this?(이것 좀 보여 주실래요?)라고 물어봐도 좋다.

노점에서 지갑을 팔고 있다. 수제품 같은데 한번 물어봐야지.

아무리 수공예품이라도 그렇지 너무 비싸다! 가격을 흥정해 보자.

3 이것들은 수제품인가요?

4 좀 더 싸게 해 주실 수 있어요?

선물을 뭐로 할지 고민 중이다. 점원에게 추천을 받아 보자.

저 사람들이 내가 찾고 있던 선물을 들고 있다!

5 선물로는 뭐가 인기가 좋은가요?

6 그거 어디서 사셨어요?

③ Are these handmade?

'수제의, 손으로 만든'은 handmade라는 형용사로 표현한다. 물건의 소재가 뭔지 궁금하다면 What's this made of?(이건 무엇으로 만들었나요?)라고 물어보면 된다. 가죽 제품이라면 It's made of leather.처럼 대답해 줄 것이다.

④ Could you make it a little cheaper?

It's 99 dollars 99 cents.
99달러 99센트입니다.

물건을 더 싸게 달라고 하고 싶다면 cheap의 비교급 cheaper를 활용해 말해 보자. 가격을 흥정하고 싶다면 Can you give me a discount?(할인 좀 해 주실 수 있어요?)라고 물어봐도 좋다. 참고로 '너무 비싸네요'는 That's too expensive.라고 해도 되지만 That's too pricey.라고 해도 괜찮다. pricey도 '비싼'이란 뜻으로 일상생활에서 많이 쓰는 단어이다.

⑤ What's a popular gift?

기념품으로 무엇을 선물할지 고민된다면 이처럼 점원에게 물어보면 된다. popular는 '인기 있는'이란 뜻의 형용사이다. 그 지역에서만 나는 특산품을 알고 싶다면 What's the local specialty?라고 물어보자.

⑥ May I ask where you got that?

친하지 않은 사람에게 말을 걸 때는 다짜고짜 Where did you get that?이라고 물어보면 상대방이 당황할 수도 있다. 이때는 '~을 여쭤봐도 될까요?'라는 뜻의 May I ask ~?를 앞에 붙여 '그 물건 어디서 사셨는지 여쭤봐도 될까요?'와 같이 물어보는 것이 좋다.

동생이 목도리를 사다 달라고 부탁했는데 어디서 파는지 모르겠다.

7 목도리는 어디서 파나요?

옷을 입어 보고 싶은데 점원에게 물어보자.

8 이거 한번 입어 봐도 되나요?

점원이 추천해 준 옷이 전혀 내 취향이 아니다!

9 음, 제가 입기엔 좀 너무 화려한 거 같은데요.

이 티셔츠(T-shirt)를 사고 싶은데 나한테는 약간 큰 거 같다.

10 이거 더 작은 사이즈 있나요?

❼ Where can I buy scarves?

'어디서 파나요?'는 '제가 어디서 살 수 있나요?'라고 생각하면 Where can I ~? 패턴으로 쉽게 표현할 수가 있다. buy(사다) 대신 find(찾다)를 넣어 Where can I find scarves?라고 말해도 좋다. 한국에서는 겨울에 쓰는 보온용 목도리와 봄가을용 얇은 스카프를 구분해서 말하지만, 영어로는 둘 다 scarf라고 한다.

❽ Can I try this on?

'~해도 되나요?'라고 묻는 Can I ~?로 허락을 구해 보자. '(액세서리를) 걸쳐 보다, (신발을) 신어 보다, (옷을) 입어 보다'는 모두 try on이라고 한다. '탈의실은 어디 있어요?'라고 할 때는 Where is the fitting room?이라고 물어보면 된다.

❾ Hmm, I think it's a little too loud for me.

How about this?
이건 어떠세요?

loud는 '소리가 큰'이란 뜻도 있지만 '(색깔이) 현란한, 요란한'이란 뜻도 있다. a little too는 '좀 너무'라는 뜻으로 형용사를 강조할 때 쓰는 어구인데, '저한테 좀 너무 꽉 끼네요'는 It's a little too tight for me.라고 하며, '저한테 좀 너무 헐렁하네요'는 It's a little too loose for me.라고 한다.

❿ Do you have this in a smaller size?

점원에게 어떤 물건이 있냐고 물어볼 때는 Do you have ~?를 활용하자. '이거 더 큰 사이즈 있나요?'는 Do you have this in a bigger size?라고 하며, 특정한 사이즈를 콕 집어 'M사이즈 있나요?'라고 물을 때는 Do you have this in medium?이라고 한다.

청바지(jeans) 길이를 좀 줄이고 싶은데 여기서 수선도 해 주려나?

⑪ 수선해 주실 수 있어요?

유리장(showcase) 안에 진열되어 있는 시계를 좀 더 자세히 보고 싶다.

⑫ 두 번째 단, 오른쪽에서 세 번째 물건 좀 보여 주시겠어요?

시계는 맘에 들지만 값이 너무 비싸서 고민된다.

⑬ 조금만 더 생각해 볼게요.

고민 끝에 결정! 가격은 좀 있지만 이게 제일 맘에 든다.

⑭ 이거 살게요.

⑪ Do you do alterations?

'(옷의) 수선'은 alteration, '수선하다'는 do alterations라고 한다. 바지나 치마의 길이 조정부터 허리 사이즈 조정에 이르기까지 전반적인 옷의 수선이 가능한지 물어볼 때도 쓸 수 있는 표현이다. 또한 반지 같은 액세서리 사이즈를 조정하고 싶을 때도 위와 같이 물어볼 수 있다. 참고로 '바지 좀 줄여[늘여] 주실 수 있어요?'는 Can you shorten[lengthen] these pants?라고 한다.

⑫ Can I see the third one from the right in the second row?

진열되어 있는 물건을 꺼내 보여 달라고 할 때는 first(첫 번째), second(두 번째), third(세 번째) 같은 서수를 사용해서 말해 보자. '단'은 row라고 하며, '오른쪽[왼쪽]부터'는 from the right[left], '위쪽부터'는 from the top, '아래쪽부터'는 from the bottom이라고 한다.

⑬ I'd like to think about it.

'~에 대해 생각하다, ~에 대해 고려하다'는 think about이라고 한다. 맘에 안 드는 물건을 억지로 살 필요는 없으므로 물건을 사고 싶지 않다면 I'd like to think about it.이라고 말한 후에 Thank you.라고 인사하고 매장을 나오면 된다.

⑭ I'll take it.

가게에서 물건을 고른 후 '이거 살게요, 이걸로 할게요'라고 할 때 가장 흔히 쓰는 표현이 바로 I'll take it.이다. 여기서 take는 '(물건을) 선택하다, 사다'란 뜻으로 쓰였다. I'll buy it.보다 훨씬 자연스럽게 많이 쓰는 표현이니 잘 알아두자.

선물이니까 포장해 달라고 해야지.

⑮ 선물용으로
포장해 주시겠어요?

친구에게 선물할 과자인데 귀국할 때까지 상하지 않고 멀쩡할까?

⑯ 이거 이대로
며칠 정도 가나요?

세 명에게 줄 선물을 따로따로 포장해 달라고 부탁하자.

⑰ 따로따로 싸 주시겠어요?

앗, 현금이 부족하네? 신용카드를 쓸 수 있을까?

⑱ 신용카드로
결제하고 싶은데요.

⑮ Can you gift-wrap it?

gift-wrap은 '선물용으로 포장하다'라는 뜻의 동사이다. 한국에서는 '포장해 드릴까요?' 하고 점원이 먼저 물어보는 경우가 많지만, 해외에서는 일반적으로 손님이 먼저 요청해야 포장을 해 준다. 선물 포장 비용도 따로 발생하는 경우가 많으니 주의하자.

⑯ How many days will this keep?

'며칠 정도 가나요?'에서 '가다'는 동사 keep으로 나타낼 수 있다. keep에는 '(음식물이) 신선하게 유지되다'란 뜻이 있다. 유통기한이 언제까지인지 궁금하다면 When is the expiration date?라고 물어보자. 포장지나 상자에 유통기한(expiration date)을 간단히 EXP라고 표기하거나 BEST BEFORE, BEST BY라고 표기하는 경우도 있으므로 음식물을 구입하기 전에 잘 살펴보자.

⑰ Could you wrap those separately?

'싸다, 포장하다'는 동사 wrap을 쓴다. '포장지'도 wrap이라고 하는데, 음식을 보관할 때 쓰는 투명한 포장용 비닐도 plastic wrap이라고 한다. 한편 멀리 있는 여러 개의 물건은 those로 가리키면 되고 '따로따로'는 separately이다.

⑱ I'd like to pay with my credit card.

I'd like to ~.는 정중하게 '~하고 싶어요'를 표현하는 말이다. '~으로 지불하다'라고 할 때는 pay with ~를 쓴다. 참고로 노점 같은 곳에서 '신용카드 받으세요?' 하고 물어볼 때는 Do you take credit cards?라고 하며, '신용카드로 결제해도 되나요'는 Can I pay by credit card?라고 하면 된다.

종이봉투(paper bag)를 하나 더 받아둬야 겠다.

⑲ 봉투 하나 더 주시겠어요?

계산을 끝내고 나오는데, 점원이 "좋은 하루 보내세요!"라고 인사를 건넨다.

⑳ 당신도 좋은 하루 보내세요.

계산대에서 점원이 포인트 카드가 있는지 물어본다.

㉑ 아니요, 없어요.

점원에게 카드를 줬더니 직불카드인지 신용카드인지 물어본다.

㉒ 신용카드입니다.

⑲ Can I have another bag, please?

Here you go. 여기 있습니다.

여분의 봉투를 더 받아 두고 싶을 때는 이와 같이 부탁할 수 있다. 여기서 bag은 '가방'이 아니라 '봉투, 봉지'를 뜻하는데, '종이봉투'는 paper bag, '비닐봉지'는 plastic bag이라고 한다.

⑳ You, too.

Have a good day! 좋은 하루 보내세요!

물건을 사고 나올 때 직원이 Have a good day[time].과 같이 인사를 건넨다면 똑같은 인사를 반복할 필요 없이 You, too.(당신도요.)라고 간단하게 답하면 된다.

㉑ No, I don't.

Do you have a Super Saver Card?
슈퍼 세이버 카드 가지고 계세요?

계산대에서 Do you have a ~ card?라고 묻는다면 그 가게의 포인트 카드를 가지고 있는지 물어보는 것이다. 하나 만들어 놓고 싶다면 No, how can I make one?(아뇨. 어떻게 만들죠?)이라고 물어보면 된다.

㉒ Credit card, please.

Debit or credit? 직불카드인가요, 신용카드인가요?

debit card는 결제 즉시 돈이 빠져 나가는 '직불[체크]카드'를 뜻하며, credit card는 나중에 돈이 빠져 나가는 '신용카드'를 뜻한다. 계산대에서 A or B?(A와 B 중 어떤 것인가요?)라고 물어보는 경우가 많은데, Cash or charge?는 '현금이세요, 카드세요?'라는 뜻이고, Paper or plastic?은 '종이봉투와 비닐봉지 중 뭘 드릴까요?'란 뜻이다.

① 잠깐 구경 좀 해도 될까요?

비싸 보이는 가게에 왔다. 살 생각은 없지만 구경 정도야!

① Can I have a look around?

살 생각은 없지만 가게 안을 둘러보고 싶을 때는 점원에게 이렇게 물어보면 된다. 동사 look 대신 have a look을 쓰면 '살짝 보다, 한번 보다'라는 느낌을 준다. have 대신 take를 써도 괜찮다.

② 이 할인 쿠폰 쓸 수 있나요?

호텔에서 받은 20퍼센트 할인 쿠폰을 계산대에 보여 주면서 질문하자.

② Can I use this coupon?

사용이 가능한지 물어볼 때는 Can I use ~?로 말해 보자. '할인 쿠폰'은 a (discount) coupon이다.

③ 이거 시식해 봐도 될까요?

식품점에 온갖 종류의 치즈가 즐비하다. 어떤 맛인지 궁금하다.

③ Can I try this?

'시식하다, 시음하다'는 '시도하다'라는 뜻의 try 한 단어면 뜻이 통한다. 앞에서 설명했듯이 '(옷을) 입어보다'라고 할 때도 try를 써서 try on이라고 한다.

4 이거 다른 색상 있나요?

디자인도 사이즈도 딱 좋은데… 다른 색은 없을까?

④ Do you have this in a different color?

'다른 색상'은 different color라고 하면 된다. '이거 파란색 있나요?'처럼 특정한 색을 콕 집어 물어볼 때는 Do you have this in blue?처럼 말해 보자.

5 환불받을 수 있을까요?

어제 산 이어폰이 찾아 보니 한국이 더 싸다. 환불받을 수 있는지 점원에게 물어보자.

⑤ Can I get a refund?

'환불받다'는 get a refund라고 한다. I'd like to get a refund.(환불받고 싶어요.)라고 말해도 된다. 참고로 물건을 교환하고 싶을 때는 Can I exchange this for another one?(이거 다른 거로 교환할 수 있을까요?)이라고 물어보자.

6 이거 세일 중인가요?

내가 고른 물건은 신상품 같은데 세일 상품인지 확인해 보자.

⑥ Is this on sale?

'세일 중인'은 on sale이라고 한다. 선글라스(sunglasses)나 신발(shoes)처럼 복수의 물건이 세일 중인지 물어볼 때는 Are these on sale?이라고 하면 된다.

관광안내소에서

At a Tourist Information Center

>>> 미션

관광안내소에 가서 무료 관광지도와 안내책자를 얻어라! 직원에게 필요한 여행 정보를 얻고 가볼 만한 곳도 추천을 받자!

>>> 미션 표현 먼저 관련 표현을 챙겨라

- ☐ 숙박시설 **accommodations**
- ☐ 호텔 리스트 **hotel list**
- ☐ 교통수단 **transportation**
- ☐ 시간표 **timetable**
- ☐ 여행 일정 **itinerary**
- ☐ 쿠폰 **coupon**
- ☐ 관광 지도 **tourist map**
- ☐ 광고 전단지 **flier**
- ☐ 안내책자 **brochure**
- ☐ 팸플릿, 소책자 **pamphlet**
- ☐ 여행 상품, 투어 **tour, excursion**
- ☐ 가이드 투어 **guided tour**

>>> **미션 전달** 다음 상황을 보고 영어로 말하라

관광안내소에 안내책자가 놓여 있는데,
그냥 가져가도 괜찮을까?

❶ 이거 가져가도 되나요?

무료 관광 지도를 받아 가고 싶다.

❷ 시내 관광 지도를
받을 수 있을까요?

❶ Can I take this?

여기서 take는 '가지고 가다'라는 의미로 쓰였다. 상대방에게서 물건을 '넘겨 받고' 싶은 경우에는 Can I have ~?로 묻지만, 놓여 있는 물건을 '들고 가고' 싶은 경우에는 Can I take ~?를 쓰는 것이 자연스럽다. 참고로 여행책자처럼 광고용으로 만든 안내책자는 brochure 또는 leaflet이라고 한다.

❷ Can I have a tourist map of the town?

tourist map은 주요 관광지를 함께 표시한 지도인데, 비교적 큰 도시라면 town 대신 city를 써서 표현하자. 앞서 말했듯 상대방에게 지도나 안내책자 같은 물건을 받고 싶을 때는 Can I have ~?를 쓴다. 예를 들어 '호텔 리스트를 받을 수 있을까요?'는 Can I have a hotel list?라고 한다.

관광안내소에서 식당이나 교통편 할인 쿠폰을 받을 수 있다고 들었는데….

③ 식당 할인 쿠폰 있나요?

이 동네 명소가 어딘지 물어봐야겠다.

④ 이 동네에서 가 볼 만한 곳은 뭐가 있을까요?

현금이 얼마 안 남았는데 환전소가 어디에 있는지 물어보자.

⑤ 이 근처에 환전 가능한 곳이 어디인지 아세요?

BONUS+

투어 상품을 이용해 도시를 구경하고 싶다.

Are there any city tours?
도시 투어가 있나요?

❸ Do you have any discount coupons for restaurants?

어떤 물건이 있는지 물어볼 때, 그 물건이 당연히 있어야 하는 상황이 아니라면 Do you have ~?로 물어보는 것이 좋다. Do you have discount coupons for hotels[Broadway shows]?(호텔[브로드웨이 공연] 할인 쿠폰 있나요?)와 같이 다양하게 응용해 말할 수 있다.

❹ What are some must-see sites in this town?

'가 볼 만한 곳'은 a must-see site(꼭 봐야 하는 장소)라고 표현할 수 있다. Can you recommend some tourist attractions?(관광명소 좀 추천해 주시겠어요?), What places do you recommend?(어떤 장소를 추천하세요?)도 많이 쓰는 표현이니 함께 기억해 두자.

❺ Do you know where I can exchange money?

'어디서 ~할 수 있는지 아세요?'는 Do you know where I can ~?을 활용해 말해 보자. '환전하다'는 exchange money이다. 환전을 어디서 하면 가장 이득인지 궁금하다면 관광안내소에 Do you know where I can get the best rates?(어디가 가장 환율이 좋은지 아세요?)라고 물어보면 된다.

>>> 미션 힌트 투어 상품, 어떤 게 있을까?

관광으로 유명한 도시에서는 효율적으로 도시를 둘러볼 수 있는 다양한 투어 상품을 제공한다. 가장 일반적인 것은 bus tour(버스 투어)인데, 특히 뉴욕이나 런던 같은 대도시에서는 지붕이 없는 2층 관광 버스를 타고 편히 앉아 시내 풍경을 감상할 수 있다. 밤에 다니며 야경을 즐기는 night tour(야간 투어), 걸어서 도시 구석구석을 누비고 다니는 walking tour(도보 투어), 가격은 조금 비싸지만 개인 가이드가 관광 안내를 해 주는 private tour(개인 전용 투어)도 있다. 요즘에는 인터넷으로 미리 내 취향에 맞는 투어를 찾아보고 예약할 수 있으니, 나에게 맞는 투어를 찾아 즐겨 보자.

① **역사박물관에는 어떻게 가는 게 가장 좋은 방법인가요?**

관광안내소에서 박물관까지 가는 법을 물어보자.

① What's the best way to get to the History Museum?

'~하는 가장 좋은 방법'은 'the best way to + 동사'라고 한다. 위처럼 말한 후에 Should I take the subway?(지하철로 가는 편이 좋나요?)와 같이 대화를 이어가 보자.

② **오늘은 역사박물관이 문을 여나요?**

기껏 갔는데 휴관일이면 곤란하다. 미리 문 여는 날을 알아두자.

② Is the History Museum open today?

'문을 연, 영업을 하는'은 형용사 open을 사용한다. Do you know ~?(~인지 아세요?)로 시작하고 싶으면 Do you know if the History Museum is open today?라고 하면 된다.

③ **오늘 밤에 묵을 숙소를 찾고 있는데요.**

오늘밤 잘 곳을 아직 못 정했다.

③ I'm looking for a place to stay tonight.

'~을 찾고 있다'는 I'm looking for ~.라고 한다. 숙소 예약을 할 수 있는 관광안내소라면 이와 같이 말한 다음, 호텔 리스트를 받아서 빈 방을 찾아 달라고 부탁할 수도 있다.

④ ABC 극장에서 지금 무슨 공연을 하고 있는지 아세요?

브로드웨이(Broadway)에 왔으니 최소한 뮤지컬 한 편은 관람해야지!

④ Do you know what is playing at the ABC Theater right now?

'~인지 아세요?'라고 할 때는 Do you know ~?로 물어보자. play에는 '(극장에서) 공연하다'라는 뜻도 있다.

⑤ 버스 1일권 팔고 있나요?

하루 동안 무제한으로 쓸 수 있는 승차권을 사고 싶은데 여기서 판매하려나?

⑤ Do you sell one-day bus tickets?

Do you have ~?로 물어봐도 되지만, Do you sell ~?로 물어보면 '여기서 판매 중인지 아닌지'를 명확히 확인할 수 있다. 주요 도시마다 대중교통을 일정 기한 동안 무제한으로 이용할 수 있는 승차권을 판매하니 꼭 알아보고 이용하자.

⑥ 괜찮은 식당을 추천해 주시겠어요?

근처에 식당이 많은데 어디가 맛이 있는지 궁금하다.

⑥ Could you recommend a good restaurant?

식당, 호텔, 관광지 등 어떤 장소를 추천해 달라고 부탁할 때는 Could you recommend ~?를 활용하자. recommend는 '추천하다'라는 뜻의 동사이다.

환전소 · 우체국에서

At a Currency Exchange or Post office

>>> 미션

환전소에 가서 현지 화폐로 돈을 바꿔라! 우체국에 가서 한국에 있는 친구와 가족에게 편지와 택배도 보내라!

>>> 미션 표현 먼저 관련 표현을 챙겨라

- □ 통화 **currency**
- □ 지폐 **bill**
- □ 동전 **coin**
- □ 잔돈, 소액 **small change**
- □ 환전, 환전하다 **exchange**
- □ 환율 **exchange rate**
- □ 수수료 **commission**
- □ 우표 **stamp**
- □ 엽서 **postcard**
- □ 소포 **package**
- □ 특급 우편, 빠른 우편 **express mail**
- □ 등기 우편 **registered mail**
- □ 우편 요금 **postage**
- □ 여행자 수표 **traveler's check**

>>> 미션 전달 다음 상황을 보고 영어로 말하라

한국에서 바꿔 간 돈이 다 떨어졌다!
환전소에서 현지 통화로 현금을 바꾸자.

여기서 여행자 수표도 현금으로 바꿀 수 있을까?

❶ 원화를 달러로 바꾸고 싶어요.

❷ 여행자 수표도 환전이 되나요?

❶ I'd like to change won into dollars.

change A into B 형태로 'A를 B로 바꾸다'라는 의미를 나타낼 수 있다. 참고로 dollar는 미국뿐만 아니라 캐나다, 호주 등 다양한 나라에서 쓰는 화폐 단위이므로 US dollars(미국 달러), Canadian dollars(캐나다 달러), Australian dollars(호주 달러)처럼 정확히 표현하면 더 좋다. 물론 달러를 쓰고 있는 나라라면 굳이 이렇게 말하지 않아도 알아서 현지 화폐로 바꿔 줄 것이다.

❷ Do you exchange traveler's checks?

traveler's check(여행자 수표)은 해외여행자들이 현금처럼 쓸 수 있는 수표의 일종이다. '(통화를) 환전하다'라고 할 때는 '(다른 것과) 교환하다'라는 뜻의 동사 exchange를 쓴다. Can I exchange traveler's checks?라고 물어볼 수도 있다.

팁으로 쓸 소액 지폐를 넉넉하게 받아 놓아야지.

③ 1달러짜리 지폐 20장으로 바꿔 주시겠어요?

해외 ATM이라 그런가… 카드가 들어가서 안 나오네?

④ 카드가 기계에 들어가서 안 나와요.

가족에게 쓴 엽서를 부치러 우체국 창구에 왔다.

⑤ 한국으로 이 엽서를 보내고 싶어요.

쇼핑을 많이 했더니 짐이 늘었다. 한국으로 보내고 싶은데 요금이 얼마나 들까?

⑥ 이걸 한국까지 보내려면 얼마인가요?

❸ Can you include twenty one-dollar bills?

How would you like it?
어떻게 바꿔 드릴까요?

환전소 직원이 How would you like it?이라고 질문하면 필요한 지폐의 종류와 장 수를 알려 주면 된다. '~을 포함시키다'라는 뜻의 include를 활용해 Can you include ~?로 말해 보자. 또는 Can I have twenty one-dollar bills?처럼 말해도 좋다. 참고로 '잔돈으로도 좀 바꿔 주실래요?'는 Can you include some small change?라고 한다.

❹ My card got stuck in the machine.

'들어가서 안 나온다, 빨려 들어갔다'는 '걸리다, 막혀 있다'는 의미의 get stuck으로 표현할 수 있다. 참고로 ATM 화면에서 '인출'은 withdrawal, '예금'은 deposit, '잔액조회'는 balance inquiry라고 표시되어 있다.

❺ I'd like to send this postcard to Korea.

'~하고 싶습니다'라는 뜻의 I'd like to ~.로 정중한 부탁을 할 수 있다. 미국에서 국제우편은 98센트짜리 우표 3장을 붙이면 되므로, 우표 값을 알고 있다면 Can I have three 98-cent stamps?(98센트 우표를 3장 주실래요?)라고 말해도 좋다.

❻ How much will it cost to send this to Korea?

요금은 How much(얼마)와 '(값이) ~이다'를 뜻하는 동사 cost를 써서 물어보자. 또는 What's the cheapest way to send it?(이걸 보내는 가장 싼 방법은 무엇인가요?)라고 물어도 좋다. 참고로 '며칠 걸리나요?'라고 걸리는 시간을 물을 때는 How many days will it take?라고 한다.

❶ 좀 더 작은 단위의 지폐도 주시겠어요?

환전했는데 직원이 너무 고액 지폐만 줬다.

❶ Could you give me some smaller bills?

bill은 '지폐'를 뜻한다. '소액권'은 small bill, '고액권'은 large bill이며, '더 작은 단위의 지폐'는 smaller bills라고 한다. 참고로 '동전'은 coin이다.

❷ 파운드를 유로로 바꾸면 환율이 어떻게 되나요?

영국에서 프랑스로 건너가기 전에 돈을 바꿔야겠다. 환율을 확인해 보자.

❷ What's the exchange rate for pounds to euros?

'환율'은 exchange rate라고 한다. for A to B로 A를 B로 바꿨을 때의 환율을 물어볼 수 있다. 참고로 euro는 유럽 대부분의 국가에서 쓰는 화폐 단위인데, 영국에서는 pound를 쓴다.

❸ 어디서 자동현금인출기를 찾을 수 있을까요?

한국에서 가져 온 돈이 다 떨어졌다. 신용카드로 돈을 인출하고 싶다.

❸ Where can I find an ATM?

Where can I find ~?로 내가 찾는 시설이나 장소가 어디 있는지 물어볼 수 있다. '자동현금인출기'를 뜻하는 ATM은 automatic teller machine의 줄임말이다.

④ 여기 근처에
우체국이 있을까요?

소포를 부치려고 우체국이 어디에 있는지 찾고 있다.

④ Is there a post office near here?

주변에 어떤 장소나 시설이 있는지 물어볼 때는 Is there ~ near here?를 쓴다. near here는 '여기 근처에'라는 뜻인데, around here라고 해도 같은 의미가 된다.

⑤ 봉투를 어디서
살 수 있나요?

편지를 넣어 보낼 봉투가 없는데 어쩌지?

⑤ Where can I buy an envelope?

envelope(봉투), stamp(우표), postcard(엽서) 등을 어디서 구입할 수 있는지 물어볼 때는 Where can I buy ~?를 활용하면 된다.

⑥ 한국에 도착하는 데
며칠이나 걸릴까요?

일주일 후면 출국인데 한국의 가족들이 언제쯤 편지를 받아 볼지 궁금하다.

⑥ How many days will it take to get to Korea?

걸리는 시간이 궁금할 때는 '얼마나 오래'라는 뜻의 How long ~?을 써도 되지만 '며칠이나'란 뜻의 How many days ~?를 활용해도 좋다.

박물관 · 미술관에서

At a Museum or Art Museum

>>> 미션

그 나라의 역사와 문화를 알고 싶다면 박물관이나 미술관에 가 보자. 매표소에 가서 표를 구입하고 개관과 폐관 시간을 확인하라!

>>> 미션 표현 먼저 관련 표현을 챙겨라

- ☐ 입장료 **admission (fee)**
- ☐ 입장권 **ticket**
- ☐ 층별 안내도 **floor map**
- ☐ 전시 **exhibition**
- ☐ 작품 **work**
- ☐ 그림, 회화 **painting**
- ☐ 조각 **sculpture**
- ☐ 소지품 보관소 **coat check**
- ☐ 선물 가게 **gift shop**
- ☐ 안내 투어 **guided tour**
- ☐ 음성 해설 장비 **audio guide**
- ☐ 학생 할인 **student discount**
- ☐ 관장, 전시 관리자 **curator**
- ☐ 안내책자 **brochure, pamphlet**

>>> 미션 전달 다음 상황을 보고 영어로 말하라

미술관 입구에서 입장권을 구입하자.

❶ 성인 2장 주세요.

학생은 입장료가 좀 더 싸지 않을까?

❷ 학생 할인이 되나요?

❶ Can I have two adult tickets?

매표소에서 표를 구입할 때는 위의 문장처럼 Can I have ~?를 써서 표를 달라고 해도 되지만, 좀 더 간단하게 Two adults, please.라고만 해도 의미가 충분히 전달된다. 참고로 '어른 둘에 아이 하나요'라고 할 때는 Two adults and one child, please.처럼 말하면 된다.

❷ Do you have student discounts?

Do you have ~?를 써서 '학생 할인을 가지고 있나요?'라고 물어보면 된다. '학생 할인'은 student discount라고 하는데, 학생임을 증명하는 국제학생증(international student ID)을 가지고 있는 경우 할인을 해 주는 박물관과 미술관이 많이 있다.

딱히 정해진 입장료가 없는 모양이다.

시간이 너무 빨리 간다! 좀 더 천천히 둘러 보고 싶은데….

❸ 한 사람당 10달러로 할게요.

❹ 몇 시까지 하나요?

하필 휴관일이라니! 보안요원에게 언제 문을 여는지 물어보자.

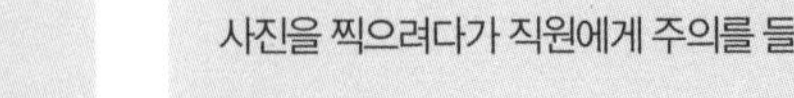

❺ 무슨 요일에 문을 여나요?

❻ 죄송합니다. 몰랐어요.

❸ Ten dollars each, please.

박물관 입구에 Pay as you wish 또는 Pay what you wish라고 게시되어 있으면, 자기가 희망하는 금액만큼 내고 입장하라는 뜻이다. suggested fee(제안 입장료), recommended fee(권장 입장료)가 적혀 있으면 그 금액을 기준으로 지불하면 된다. 박물관에 따라서는 특정 요일이나 일정한 시간대에만 이렇게 입장료를 받는 경우도 있다.

❹ What time do you close?

'몇 시까지 하나요?'는 '몇 시에 문을 닫나요?'란 뜻이므로 시간을 물어보는 What time ~?과 동사 close(닫다)를 사용해 위처럼 질문해 보자. 가게의 폐점 시간을 물어볼 때도 쓸 수 있는 표현이다. 문 여는 시간을 물을 때는 What time do you open?이라고 물어보면 된다.

❺ What days are you open?

day는 '하루, 날'이란 뜻 말고도 '요일'이란 뜻이 있다. 그래서 '무슨 요일'을 What days라고 표현한다. '(가게 등이) 문을 연, 영업하는'은 형용사 open을 쓰면 된다. 참고로 '일요일에는 문을 여나요?'라고 할 때는 Are you open on Sundays?라고 물어보자.

❻ Oh, sorry. I didn't know.

You can't take pictures here.
여기서 사진 찍으시면 안돼요.

박물관과 미술관에서는 대부분 사진 촬영이 금지되어 있다. 사진 찍기 전에 미리 Can I take a picture here?(여기서 사진 찍어도 되나요?)라고 물어보는 것이 좋다. 사진 촬영이 가능하더라도 flash(플래시)나 tripod(삼각대)는 사용이 금지되는 경우도 있으니 주의하자. 표지판에 No ~라고 되어 있으면 '~ 금지'라는 뜻이다.

① 입장료가 얼마인가요?

박물관 매표소에 왔는데 요금이 얼마인지 안 써 있다.

① What's the admission fee?

'입장료'는 admission fee 또는 entrance fee라고 한다. How much is the admission fee?라고 물어봐도 된다. 버스, 택시 등의 '교통 요금'은 fare라고 하지만, 박물관 등 기관에 내는 이용료는 fee라고 한다.

② 이 표로 특별 전시도 볼 수 있나요?

흥미로워 보이는 특별 전시회가 있다. 이 표로는 상설 전시밖에 못 보는 걸까?

② Can I see the special exhibition with this ticket?

전시관에서 늘 진행하는 '상설 전시'는 regular [permanent] exhibition이라고 하고, 특정한 기간 동안만 진행하는 '특별 전시'는 special exhibition이라고 한다.

③ 오디오 가이드를 사용하고 싶은데요.

전시물을 안내해 주는 음성 해설 장비를 빌리러 왔다.

③ I'd like an audio guide, please.

audio guide(오디오 가이드)는 박물관이나 미술관에서 이어폰으로 음성 해설을 들을 수 있는 작은 기계를 말하는데 audio tour라고도 한다. I'd like ~, please.를 쓰면 필요한 물건을 정중하게 부탁할 수 있다.

④ 플래시를 터트리지 않으면 사진 찍어도 되나요?

No Flash(플래시 금지)라고 써 있는데 그냥 사진 찍는 건 괜찮은지 궁금하다.

④ Can I take a picture if I don't use my flash?

허락을 구하는 Can I ~?에 '~하면'을 뜻하는 if를 더해 말해 보자. '플래시를 터트리다'는 use my flash(플래시를 사용하다)라고 표현하면 된다.

⑤ 가이드 투어가 있나요?

큐레이터(curator)가 박물관을 안내해 주는 프로그램이 있으려나?

⑤ Do you have guided tours?

'(행사, 모임 등을) 개최하다'는 의미로 give를 사용하여 Do you give guided tours?라고 해도 좋다. '한국어로 된 가이드 투어가 있나요?'는 Do you have[give] guided tours in Korean? 이라고 물어보자.

⑥ 한국어 안내책자도 있나요?

한국어로 된 안내책자가 있는지 박물관 직원에게 문의하자.

⑥ Do you have a Korean brochure?

박물관과 미술관의 '안내책자'는 보통 pamphlet보다는 brochure라는 단어를 더 많이 쓴다. pamphlet은 주로 표지가 달린 형태의 안내책자를 말한다.

공연 · 스포츠 관람할 때

Watching a Show or Going to a Game

>>> 미션

외국에서만 할 수 있는 특별한 문화 생활을 즐겨 보자. 극장에서 연극이나 뮤지컬을 감상하고, 야구나 축구 같은 스포츠 경기장에 찾아가 경기를 즐겨라!

>>> 미션 표현 먼저 관련 표현을 챙겨라

- □ 극장 매표소 **box office**
- □ 발권 가능한 **available**
- □ 매진된 **sold out**
- □ 낮 공연 **matinee**
- □ 저녁 공연 **evening, soiree**
- □ (공연의) 휴식 시간 **intermission**
- □ 경기 개최지 **venue**
- □ 좌석 배치도 **seating chart**
- □ (극장의) 1층 좌석 **orchestra**
- □ (극장의) 2층 좌석 **mezzanine**
- □ (극장의) 3층 좌석 **balcony**
- □ 입석 **standing room**
- □ 앞쪽 자리 **front seat**
- □ 뒤쪽 자리 **rear seat**

>>> 미션 전달 다음 상황을 보고 영어로 말하라

한국에서 예약해 놓은 표를 받으러 창구에 왔다.

① 인터넷으로 예약했는데요.

뮤지컬(musical)을 보고 싶은데 표가 아직 남아 있으려나?

② 오늘 밤 공연 표가 아직 있나요?

❶ I reserved tickets online.

'예약하다'라는 뜻의 동사 reserve와 '온라인으로, 인터넷에서'라는 뜻의 부사 online을 활용해 '저는 인터넷으로 표를 예약했어요'와 같이 말해 보자. 이렇게 말하면서 직원에게 예약 확인서를 보여 주면 된다. 참고로 그림의 WILL CALL이란 표지판은 '현장 수령'이란 뜻으로, 전화나 인터넷으로 미리 예약한 사람들이 표를 찾아가는 곳을 나타낸다.

❷ Do you still have tickets for tonight's show?

표가 아직 있냐고 물어볼 때는 Do you still have tickets for ~?를 활용하자. tickets for tonight(오늘 밤 공연 표), tickets for tomorrow(내일 공연 표)에서 보듯 전치사 for 뒤에 시간을 써도 된다.

떨어져 있는 자리는 많이 남은 것 같은데 일행과 따로 앉기는 싫다.

1층 10열과 2층 1열에 자리가 있다고 한다.

③ 두 사람이 붙어 있는 자리가 좋아요.

④ 어떤 자리가 더 잘 보일까요?

공연은 몇 시쯤에 끝날까?

⑤ 이 공연은 상연시간이 얼마 정도 되나요?

BONUS+

공연이 끝나는 정확한 시간을 알고 싶다.

What time does the show finish?
공연은 몇 시에 끝나나요?

❸ We'd like to sit together.

We have seats if you don't mind sitting apart.
따로 앉는 게 상관 없으시면 자리가 있습니다.

'저희는 같이 앉고 싶어요'라고 표현하면 된다. We'd like to는 We would like to의 줄임말로 '~하고 싶어요'라는 의미를 정중하게 표현하는 말이다.

❹ Which seat has a better view?

We have seats on the first floor in the tenth row or the second floor in the first row.
1층 10열과 2층 1열에 자리가 있습니다.

'어떤 자리가 더 잘 보일까요?'는 곧 '어떤 자리가 더 좋은 시야를 가졌나요'라는 말이다. view에는 '전망'이란 뜻도 있지만 '시야'라는 뜻도 있다.

❺ About how long is this show?

걸리는 시간이 얼마 정도인지 물어볼 때는 About how long is ~?로 물어보면 된다. 예를 들어 '그 경기는 시간이 얼마 정도 걸려요?'는 About how long is the game?, '그 영화는 상영시간이 얼마 정도인가요?'는 About how long is the movie?라고 한다.

>>> 미션 힌트 외국의 공연장 좌석 등급은 어떻게 다를까?

한국은 공연장 자리를 VIP석, R석, S석 등으로 구분하지만 외국에는 이런 좌석 이름이 없다. 미국에서는 일반적으로 1층 좌석을 orchestra(오케스트라), 2층 좌석을 mezzanine(메자닌), 맨 위층 좌석을 balcony(발코니)라고 한다. 극장 규모에 따라 front/mid/rear mezzanine으로 세분화되어 있는 경우도 있으며, 시야가 가장 좋은 1층 정중앙 5열 정도를 premium seat이란 이름으로 비싸게 판매하기도 한다. 한편 영국에서는 좌석 등급이 다른데, 1층을 stalls, 2층을 dress circle, 3층을 upper[grand] circle이라고 부른다.

공연 시작 전에 옆자리 관객이 "여기 자주 오세요?"라고 말을 걸어왔다.

6 아뇨. 뮤지컬 보는 건 처음이에요.

앞 사람이 공연 중에 계속 떠들고 있다. 너무 시끄럽잖아!

7 죄송한데, 조용히 좀 해 주시겠어요?

내일 경기 표를 사려고 했더니 벌써 매진이라고 한다. 오늘 표는 있을까?

8 오늘 경기 표는 있나요?

경기장에 들어가려는데 배낭(backpack)을 가지고 들어 갈 수 없다고 제지당했다.

9 혹시 어디 맡길 수 있는 곳이 있을까요?

❻ No, it's my first time to see a musical.

Do you come here often?
여기 자주 오세요?

'~하는 것은 이번이 처음이다'는 It's my first time to ~.라고 표현한다. 예를 들어 '뉴욕에 온 건 이번이 처음이에요'는 It's my first time to visit New York.이라고 한다.

❼ Excuse me, but could you keep it down, please?

quiet(조용한)를 써서 직설적으로 Could you be quiet?라고 하면 '조용히 하세요!'처럼 강하게 들릴 수 있다. '낮은 목소리로 줄이다, 작은 소리로 줄이다'라는 뜻의 keep it down을 사용해서 말하는 것이 좋다.

❽ Do you have tickets for today's game?

Sorry. Tickets are sold out.
죄송합니다만 매진입니다.

공연 표를 살 때와 마찬가지로 Do you have ~?를 활용해서 '오늘 경기 표가 있나요?'라고 물어보면 된다. sold out은 '(표가) 매진된'이란 뜻이다.

❾ Is there any place I can leave it?

You can't carry that into the stadium.
그 짐은 경기장에 가지고 들어가실 수 없습니다.

'(짐을) 맡기다'는 동사 leave를 쓴다. 최근에는 테러 위험 때문에 배낭이라도 크기가 일정 이상으로 크면 경기장에 못 갖고 들어가는 경우가 있으니 주의하자.

모든 자리가 자유석이라고 들었는데 어째 빈자리가 하나도 안 보인다.

⑩ 실례합니다.
이 자리 비었나요?

내가 좋아하는 팀을 응원해야지.
선수들에게도 들리게 영어로 말해 보자!

⑪ 양키스 파이팅!

옆에서 같이 응원하고 있는 사람에게 한번 말을 걸어 보자.

⑫ 어떤 선수를 좋아하세요?

B O N U S +

옆에 앉은 관객이 어느 팀 팬인지 궁금하다.

What's your favorite baseball team?
어떤 야구팀을 좋아하세요?

⑩ Excuse me. Is this seat taken?

Is this seat taken?은 말 그대로 '이 자리가 잡혀 있나요?'라는 의미로, 빈자리인지 확인할 때 많이 쓰는 전형적인 표현이다. 버스나 기차 같은 대중교통을 이용할 때나, 지정좌석제가 아닌 극장에서 앉을 자리를 찾을 때도 쓸 수 있다. 만약 비어 있는 자리라면 상대방이 Oh, go ahead.(아, 앉으세요.)라고 말하면서 짐을 치워 줄 것이다.

⑪ Come on, Yankees!

우리는 응원할 때 '파이팅!'이란 말을 많이 쓰지만 fighting은 '싸움'이라는 뜻이라서 실제 영어로 응원할 때는 적절하지 않은 표현이다. 영어로는 주로 Come on!이라는 표현을 쓴다. 또는 The Yankees are the best!(양키스 최고!), What a play!(멋진 플레이야!)와 같은 표현으로 선수를 응원해 줘도 좋다.

⑫ Who's your favorite player?

가장 좋아하는 사람이 누군지 물어볼 때는 Who's your favorite ~?를 활용하자. 연극이나 콘서트를 보러 갔을 때도 Who's your favorite cast member?(좋아하는 배역은 누구인가요?), Who's your favorite singer?(좋아하는 가수는 누구인가요?)와 같이 물어볼 수 있다. 상대방이 이렇게 물어보면 My favorite ~ is ...로 답하면 된다.

>>> 미션 힌트 야구에서 온 영어 표현에는 어떤 게 있을까?

미국에서 야구(baseball)는 미식축구(football)와 더불어 가장 인기 있는 스포츠 중 하나이다. 그러다 보니 야구에서 나온 영어 표현도 상당히 많다. 먼저 '야구장'을 ballpark라고 하는데, 야구장을 훑어 보면 관중이 얼마나 왔는지 대충 짐작할 수 있기 때문에 '어림짐작한 수치'를 ballpark figure라고 한다. 또, '홈런을 치다'라는 뜻의 hit a home run은 '큰 성공을 거두다'라는 뜻이 있으며, '삼진 아웃 당하다'라는 뜻의 strike out은 '실패하다'라는 뜻도 된다. 한편 타자가 타석에 들어가는 것을 뜻하는 step up to the plate는 '책임지고 일을 맡다'라는 뜻도 갖는다.

❶ 6시 공연으로 성인 2장 주세요.

뮤지컬 표를 사러 매표소에 왔다.

❶ Can I have two adult tickets for the six o'clock show?

'6시부터 시작하는 공연 표'는 a ticket for the six o'clock show라고 한다. 또는 I'd like two seats for the six o'clock show.라고 해도 좋다.

❷ 남아 있는 회차는 언제인가요?

아쉽게도 보고 싶은 회차의 표가 모두 매진되었다고 한다.

❷ What show is still available?

'어느 공연을 아직 이용할 수 있나요?'라고 바꿔 생각하면 쉽게 표현할 수 있다. '어느 공연'은 what show라고 하며, '이용할 수 있는, 구할 수 있는'의 의미로는 available을 쓰면 된다.

❸ 좌석 배치도 좀 보여 주시겠어요?

10열 자리가 비어 있다고 하는데 어디쯤에 위치한 좌석인지 궁금하다.

❸ Can I see the seating chart?

Can I see ~?를 써서 말해 보자. '좌석 배치도'는 seating chart라고 한다. 참고로 '남아 있는 자리 중 가장 좋은 자리는 뭔가요?'는 Where are the best seats you have left?라고 물어 보자.

❹ 중간에 휴식 시간이 있나요?

공연 시간이 3시간이나 되는데 휴식 시간이 있는지 물어봐야겠다.

❹ Is there an intermission?

연극, 뮤지컬, 콘서트 같은 공연에서의 '휴식 시간, 쉬는 시간'은 break가 아닌 intermission이라고 한다. 영국에서는 interval이라고도 한다. 보통 15~20분 정도로, 화장실을 가거나 음료를 사 마시며 쉴 수 있는 시간이다.

❺ 앞 열에 있는 자리에 앉을 수 있을까요?

배우들의 연기를 생생하게 감상할 수 있는 앞 열에 앉고 싶다.

❺ Can I have a seat in the front row?

'줄, 열'을 row라고 한다. '앞 열에 있는'은 in the front row, '중간 열에 있는'은 in the middle row, '뒷 열에 있는'은 in the back row라고 하면 된다.

❻ 어떤 팀을 응원하세요?

야구 경기장에서 옆에 앉은 사람이 어느 팀 팬인지 궁금하다.

❻ Which team are you rooting for?

'(스포츠 팀을) 응원하다'는 root for라고 한다. '나는 양키스를 응원해요'라고 한다면 I'm rooting for the Yankees.라고 답하면 된다.

관광할 때

Sightseeing

>>> 미션

여행의 궁극적인 목표는 바로 관광이다. 거리를 둘러보거나 투어에 참가하면서 본격적인 관광을 즐겨라!

>>> 미션 표현 먼저 관련 표현을 챙겨라

- ☐ 관광, 투어 **tour**
- ☐ 관광 가이드 **tour guide**
- ☐ 데리러 가다 **pick up**
- ☐ 전망대 **observation deck**
- ☐ (사용료를 내고) 빌리다 **rent**
- ☐ (스포츠) 장비, 용구 **gear**
- ☐ 트레킹, 등산 **trekking**
- ☐ 윈드서핑 **windsurfing**
- ☐ 스쿠버 다이빙 **scuba diving**
- ☐ 스노클링 **snorkeling**
- ☐ 패러글라이딩 **paragliding**
- ☐ 패러세일링 **parasailing**
- ☐ 래프팅 **rafting**
- ☐ 카약 타기 **kayaking**

>>> **미션 전달** 다음 상황을 보고 영어로 말하라

투어(tour) 집합 장소가 여기인 것 같은데, 저 사람들도 투어 참가자인가?

가이드(tour guide)가 뭔가 중요한 말을 한 것 같은데 못 알아들었다.

❶ ABC 투어 집합 장소가 여기 맞나요?

❷ 방금 가이드 분이 뭐라고 말했는지 좀 알려 주시겠어요?

❶ Is this the meeting place for the ABC tour?

현지의 다양한 투어 상품을 이용하면 효율적으로 도시를 둘러볼 수 있다. 투어의 '집합 장소'는 '만나는 장소'이므로 meeting place라고 표현하면 된다. 또는 meeting point라고도 한다. 투어를 예약할 때 Where is the meeting place[point]?(집합 장소가 어디인가요?)라고 미리 확인해 놓자.

❷ Could you tell me what the guide just said?

뭔가를 알려 달라고 부탁할 때는 Could you tell me ~?를 사용해서 물어보자. '지금 ~가 한 말'은 what ~ just said라고 한다. 가이드에게 직접 '다시 한번 말씀해 주시겠어요?'라고 부탁할 때는 Could you say that again?이라고 하면 된다.

친구랑 같이 사진을 찍고 싶은데 누구한테 부탁하지?

❸ 사진 좀 찍어 주시겠어요?

배경이 잘 나오게 찍어 달라고 부탁하고 싶다.

❹ 뒤쪽에 교회도 나오게 찍어 주시겠어요?

이 사람들의 사진도 찍어 줘야겠다.

❺ 두 분 사진도 찍어 드릴까요?

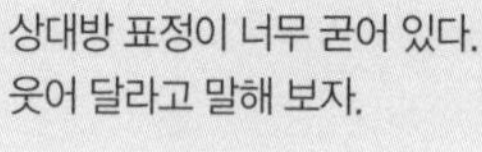

상대방 표정이 너무 굳어 있다. 웃어 달라고 말해 보자.

❻ 자, 웃으세요!

❸ Could you please take our picture?

먼저 Excuse me.라고 말을 걸면서 위와 같이 부탁해 보자. 처음 만난 사람에게 부탁하고 싶을 때는 Could you please ~?를 쓰면 좋다. Could you take our picture, please?처럼 please를 문장 끝에 넣어 말해도 괜찮다. 내가 혼자 있는 사진을 찍어 달라고 부탁할 때는 위 문장에서 our(우리의) 대신 my(나의)를 넣어 말하면 된다.

❹ Could you please include the church in the back?

'포함하다'는 의미의 동사 include를 써서 '뒤에 교회도 포함해 주세요'와 같이 부탁하면 된다. 참고로 '이 버튼만 누르시면 돼요'는 Just press this button, please.이며, '한 장 더 찍어 주실래요?'는 Could you take one more, please?라고 하면 된다.

❺ Would you like me to take your picture?

Would you like to ~?(~하고 싶으신가요?)는 상대방의 의향을 물어보는 표현이다. like 다음에 me를 추가하여 Would you like me to ~?라고 하면 '제가 ~해 드릴까요?'라고 제안하는 표현이 된다. 참고로 '당신과 사진 찍어도 될까요?'는 May I take a picture with you?라고 물어보자.

❻ Okay, smile!

'웃으세요!'는 명령문으로 Smile!이라고 하면 된다. Give me a smile!이라고도 한다. 참고로 사진을 찍어 줄 때 웃으라는 의미로 '치즈!'라고 하는 경우가 많은데, 그냥 Cheese!가 아니라 Say cheese!(치즈라고 말하세요!)라고 말하자.

성당(cathedral)에 들어가기 전, 복장이 괜찮은지 한번 확인해 봐야겠다.

7 이 차림으로 들어가도 되나요?

해변에 도착했다. 햇볕에 타지 않도록 파라솔을 빌려야지.

8 파라솔을 좀 빌리고 싶어요.

패러세일링 신청을 여기서 하는 게 맞는지 확인해 보자.

9 패러세일링 예약은 여기서 하면 되나요?

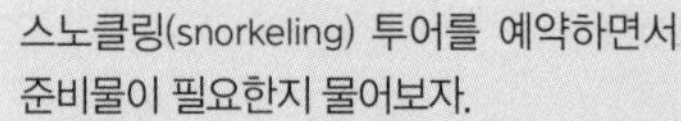

스노클링(snorkeling) 투어를 예약하면서 준비물이 필요한지 물어보자.

10 가져가야 할 게 있나요?

❼ Can I go in these clothes?

허락을 구할 때는 Can I ~?로 물어보자. in these clothes라고 하면 '이 옷으로', '이 차림으로'라는 의미이다. 성당이나 사원 같은 종교 시설이나 왕궁 같은 경우에는 민소매나 짧은 반바지, 미니스커트처럼 노출이 심한 옷차림은 입장을 허용하지 않는 경우가 많으니 옷차림에도 신경 쓰자.

❽ I'd like to rent a beach parasol.

'~을 빌리고 싶어요'라고 이야기할 때는 I'd like to rent ~.를 쓰면 된다. '(돈을 내고) 빌리다'는 의미로는 동사 rent를 쓴다. beach chair(해변용 의자), life jacket(구명조끼) 등 다양한 용품을 빌릴 때 이 표현을 써서 말해 보자. 한편 해변(beach)에 펴는 '파라솔'은 beach parasol 또는 beach umbrella라고 한다.

❾ Do I make a reservation for parasailing here?

'예약하다'는 의미의 make a reservation을 사용하여 이와 같이 물어보면 된다. 참고로 parasailing(패러세일링)은 '낙하산'이라는 뜻의 parachute와 '배 타기'라는 뜻의 sailing을 합쳐 만든 단어인데, 끈을 연결한 낙하산을 배로 끌어서 하늘에 떴다 내려오는 해양 스포츠를 말한다.

❿ Do I have to bring anything?

'가지고 가다'는 동사 bring을 쓰면 된다. 예를 들어 '수건을 가지고 가는 게 좋을까요?'는 Should I bring my own towel?이다. 참고로 '수영복은 어디서 갈아입나요?'는 Where do I change into my bathing suit?라고 물어보면 된다.

스노클링 용품을 빌리러 왔는데 물안경이 안 맞는다.

⑪ 이거 크기가 안 맞는데 다른 사이즈로 주시겠어요?

스쿠버 다이빙(scuba diving)을 해 보고 싶은데 참가할 수 있을까?

⑫ 스쿠버 다이빙 자격증은 없는데요.

스노보드(snowboard) 장비를 빌리려고 하는데 신발 사이즈를 물어본다.

⑬ 미국 사이즈로는 잘 모르겠어요. 250mm인데요.

BONUS+

스노보드 장비를 빌리러 가게에 왔다.

I'd like to rent a snowboard and boots.
스노보드와 부츠를 빌리고 싶어요.

⓫ Can I have a different size? This doesn't fit well.

'(크기가) 맞다'는 동사 fit으로 표현할 수 있다. 그래서 '크기가 잘 안 맞는다'는 doesn't fit well이라고 한다. 참고로 스노클링 용품을 살펴 보면 수영할 때 물 밖으로 내놓아서 숨을 쉴 수 있는 관을 snorkel이라고 하며, 얼굴에 쓰는 물안경은 snorkeling mask, 오리발은 fin, 구명조끼는 life vest 또는 life jacket이라고 한다.

⓬ I don't have a scuba diving license.

'면허증, 자격증'을 license라고 한다. 그래서 '스쿠버 다이빙 자격증'은 scuba diving license, '운전면허증'은 driving license이다. 참고로 '한 번도 스쿠버 다이빙을 한 경험이 없어요'는 I've never scuba dived before.이며, '한 번 입문자용 스쿠버 다이빙 체험을 했어요'는 I took an introductory scuba diving course once.라고 말하면 된다.

⓭ I'm not familiar with American sizes. My foot size is 250 millimeters.

What size feet?
발 사이즈가 뭐예요?

be familiar with ~는 '~에 익숙하다, ~에 친숙하다'라는 뜻이므로 부정형으로 쓰면 '~을 잘 모르겠다'라는 의미가 된다. 한편 자신의 발 사이즈는 My foot size is ~.로 말하면 된다.

>>> 미션 힌트 신발 사이즈, 나라마다 어떻게 다를까?

신발 사이즈 같은 수치는 현지 단위로 바꿔 말할 수 있으면 더욱 좋다. 한국은 신발 사이즈에 mm(millimeter)라는 단위를 쓰는데, My foot size is 250 millimeters.라고 해도 외국인은 무슨 뜻인지 이해하기 힘들 것이다. 미국에서는 220mm는 5, 225mm는 5.5, 230mm는 6처럼 전혀 다른 사이즈 단위를 쓰는데, 250mm는 사이즈 8에 해당한다. 한편 유럽에서는 1센티미터의 2/3인 6.6mm를 기본으로 하는 파리스 포인트(Paris point)를 따르므로 240mm는 37.5, 245mm는 38, 250mm는 38.5에 해당한다. 따라서 나라에 따라 My foot size is 8. 또는 My foot size is 38.5.라고 말해야 외국 사람들도 쉽게 이해할 수 있을 것이다.

놀이기구를 기다리는 줄이 너무 길다!
설마 여기가 끝은 아니겠지?

⑭ 여기가 관람차 대기 줄인가요?

트레킹(trekking) 투어를 하고 있는데 계속 오르막길을 올랐더니 숨이 너무 차다.

⑮ 잠깐 쉬었다 갈 수 있을까요?

높은 곳에서 바라보는 경치가 끝내준다.
가이드에게 한마디 건네자.

⑯ 경치가 멋지네요!

하루 종일 도와준 가이드에게 감사 인사를 하고 싶다.

⑰ 오늘 하루 정말 감사했어요.

⑭ Is this the line for the Ferris wheel?

'관람차'를 뜻하는 Ferris wheel은 발명자의 이름에서 유래한 표현이다. '대기 줄'은 line이라고 하는데, '여기가 ~의 대기 줄인가요?'라고 하려면 Is this the line for ~? 라고 물어보면 된다. 참고로 '줄에 서다'는 wait in line으로, '지금 줄 서 계신 거예요?'는 Are you waiting in line?이라고 물어보자.

⑮ Can we take a short break?

break은 '휴식'이란 뜻의 명사인데, '잠깐 쉬다, 휴식하다'는 take a break라고 한다. break 앞에 short(짧은)를 넣어 표현을 강조할 수도 있다. 참고로 trekking(트레킹)은 가벼운 등산을 말하는데, hiking보다는 좀 더 장시간 동안 산을 오르는 야외 활동을 말한다.

⑯ What a view!

감탄을 터트릴 때는 'What a + (형용사) + 명사!'를 사용해 표현할 수 있다. What a wonderful view!처럼 중간에 great, fantastic 같은 형용사를 넣어 말해도 좋다. 또는 I've never seen such a beautiful view.(이처럼 아름다운 풍경은 본 적이 없어요.)와 같이 말해도 좋다.

⑰ Thank you for a wonderful day.

영어로 표현할 때는 이와 같이 '멋진 하루에 대해 감사합니다'처럼 말하는 것이 일반적이다. Thank you for ~.로 '~에 대해 감사합니다'라고 표현할 수 있다. Thank you for everything.(여러 가지로 고맙습니다.)도 도움을 준 사람과 헤어질 때 쓰는 인사말로 좋다.

❶ 호텔까지 차로 데리러 와 주시나요?

투어 담당자에게 전화로 확인해 보자.

❶ Will you be picking us up at the hotel?

'차로 데리러 오다'는 pick up을 쓴다. Will you pick ~?보다는 미래 진행형인 Will you be picking ~?을 써서 물어보는 것이 정중한 표현이다.

❷ 이 투어에 저녁식사도 포함되나요?

안내문에 투어가 밤 8시에 끝난다고 되어 있는데 식사도 제공하는지 궁금하다.

❷ Does this tour include dinner?

'포함하다'는 의미의 동사 include를 사용하여 물어볼 수 있다. come with(~이 딸려 있다)를 써서 Does this tour come with dinner?라고 물어봐도 좋다.

❸ 버스 투어 신청을 하고 싶은데요.

2층 버스를 타고 시내를 돌아보는 투어에 참가하고 싶다.

❸ I'd like to sign up for the bus tour.

'~을 신청하다'는 의미의 sign up for ~를 활용해 보자. '투어를 어떻게 신청할 수 있나요?'는 How can I sign up for the tour?라고 물어보면 된다.

❹ ABC 투어에서 오신 분인가요?

투어 집합 장소에 왔는데, 혹시 이 사람이 가이드인가?

❹ Are you with the ABC tour?

여기서 with는 '~에 소속되어 있는'이란 의미를 나타낸다. Are you a tour guide with the ABC tour?(ABC 투어에서 오신 여행 가이드인가요?)라고 물어봐도 좋지만 위처럼 간단하게 말해도 된다.

❺ 여기로 몇 시까지 돌아오면 되나요?

지금부터 자유시간! 늦으면 안 되니까 다시 모이는 시간을 제대로 확인해 놓자.

❺ What time should we be back here?

구체적인 시간을 물어볼 때는 What time(몇 시)을 쓰면 되고, '돌아오다'는 be back 또는 come back으로 표현할 수 있다.

❻ 다리를 좀 다쳤는데요. 반창고 갖고 계신가요?

어디에 긁혔는지 정강이가 까져서 피가 난다. 가이드에게 도움을 청하자.

❻ I hurt my leg. Do you have a Band-Aid?

'다치게 하다'라는 뜻의 동사 hurt를 사용하자. '반창고'는 Band-Aid라고 한다. 참고로 '발에 물집이 생겼어요'는 I've got a blister on my foot.이며, '발목을 접질렀어요'는 I sprained my ankle.이라고 한다.

Scene 17 다른 사람과 교류할 때

Talking with Others

>>> 미션

여행을 하다 보면 다양한 사람들과 만나게 되기 마련이다. 여행 중에 알게 된 사람과 날씨나 여행 일정 같은 가벼운 대화를 나누거나, 연락처를 교환하라!

>>> 미션 표현 먼저 관련 표현을 챙겨라

- ☐ 이름 **name**
- ☐ 성 **last [family] name / surname**
- ☐ 이름 **first name**
- ☐ 취미 **hobby**
- ☐ 국적 **nationality**
- ☐ 직업 **job**
- ☐ 나이 **age**
- ☐ 주소 **address**
- ☐ 이메일 주소 **e-mail address**
- ☐ 전화번호 **phone number**
- ☐ 친구 **friend**
- ☐ 함께 **together**

>>> 미션 전달 다음 상황을 보고 영어로 말하라

투어 참가자가 이 부부하고 나뿐인데, 아무 말 없이 있자니 어색해 죽겠다.

이 사람은 배낭 여행자인데 전 세계를 여행하며 다닌다고 한다.

❶ 날씨가 정말 좋네요.

❷ 이 다음에는 어디로 가실 생각이세요?

❶ The weather is beautiful.

Hi. Nice to meet you.(안녕하세요. 만나서 반가워요.) 같은 인사 다음에 무난하고 편하게 이어갈 수 있는 화제가 바로 날씨이다. It's sunny today, isn't it?(오늘은 날씨가 맑네요. 안 그래요?)처럼 대화를 시작해도 좋다. '하필이면 날씨가 좋지 않네요'라고 하려면 날씨에 따라 비가 올 때는 Too bad it's raining., 흐릴 때는 Too bad it's cloudy.라고 말해 보자.

❷ Where are you going to go next?

같은 여행객끼리는 서로 여행 정보를 교환하면서 친해져도 좋다. '~할 생각이다'처럼 미래의 예정에 대해 이야기할 때는 will이 아닌 be going to를 쓰는 것이 일반적이다. 예를 들어, '런던을 방문할 생각이에요'는 I'm going to visit London.이다.

여행 중 만난 사람에게 "여기는 일 때문에 오셨어요?"라고 질문을 받았다.

③ 아니요, 여행으로 왔어요.

비행기 옆자리에 앉은 사람도 나랑 같은 도시를 여행하고 돌아가는 중이라고 한다.

④ 어디어디 가셨어요?

옆 사람도 나와 비슷한 코스로 여행을 다닌 것 같다. 어떤 느낌을 받았을까?

⑤ 가장 좋았던 장소는 어디였나요?

장거리 기차에서 친해진 사람과 함께 저녁 식사를 하자.

⑥ 괜찮으시면 어디서 저녁식사 같이 하시겠어요?

③ No, I'm here on vacation.

Are you here on business?
여기는 일 때문에 오셨어요?

어떤 목적으로 왔는지 설명할 때는 '나는 여기 ~으로 있다'라는 뜻의 I'm here ~.를 활용해서 말해 보자. 여행으로 왔다면 on vacation(휴가로), 일로 왔다면 on business(업무로, 사업으로)를 뒤에 붙이면 된다.

④ What places did you visit?

'방문하다'라는 뜻의 동사 visit을 활용해 '어떤 장소를 방문하셨어요?'라고 물어보면 된다. 만약 출국하는 길에 만난 사람에게 '어디어디 가 볼 예정이세요?'라고 물으려면 be going to를 써서 What places are you going to visit?이라고 하면 된다.

⑤ What did you like best?

best는 부사로는 '가장'이란 뜻으로 동사를 수식할 수 있다. 상대방에게 위와 같이 질문을 받았다면 I really liked ~.(~이 정말 좋았어요.) 또는 ~ was beautiful.(~이 멋졌어요.)과 같이 답해 보자.

⑥ Would you like to have dinner together somewhere?

Would you like to ~?로 물어보면 '괜찮으시면 ~하시겠어요?'라는 느낌으로 상대방에게 정중하게 제안할 수 있다. 상대방과 아주 친한 사이가 아닐 때는 이런 표현을 써서 저녁을 같이 먹겠냐고 무례하지 않게 물어보는 것이 좋다.

상대방이 내 직업을 물어본다.

7 컴퓨터 회사에서 일하고 있어요.

슬슬 헤어질 시간인데, 귀국해서도 연락을 하고 싶다.

8 이메일 주소를 여쭤봐도 될까요?

이메일(e-mail) 주소를 알려 주면서 "M"이라고 말했는데 "N? M?"이라고 되묻는다.

9 mouse의 M이에요.

B O N U S +

상대방의 전화번호가 궁금하다.

Can I ask your phone number?

전화 번호를 여쭤봐도 될까요?

❼ I work at a computer company.

What do you do?
무슨 일 하세요?

직업을 물어볼 때는 What's your job?보다는 What do you do (for a living)?이란 표현을 더 많이 쓴다. 직업을 이야기할 때는 I work at ~.(~에서 일하고 있다.)으로 말해도 되고, I'm a student.(난 학생이에요.)처럼 'I'm + 직업 이름.'으로 말해도 된다. 참고로 '난 은퇴했어요'는 I'm retired.라고 한다.

❽ Can I ask your e-mail address?

'당신의 ~을 여쭤봐도 될까요?'라는 뜻의 Can I ask your ~?로 물어보면 좀 더 정중하게 상대방의 개인정보를 물어볼 수 있다. Can I ask your name?(성함을 여쭤봐도 될까요?) 또는 Can I ask your phone number?(전화번호를 여쭤봐도 될까요?)와 같이 다양한 상황에서 응용이 가능하다. 요즘은 SNS를 통해서도 연락을 쉽게 주고 받을 수 있으니 Do you use Facebook?(페이스북 하세요?)처럼 물어봐도 좋다.

❾ M as in mouse.

N? M? N이요, M이요?

이메일 주소의 알파벳을 상대방이 잘 알아듣지 못한다면 F as in friend(friend의 F), N as in Nancy(Nancy의 N)처럼 간단한 단어를 예로 들어 줘도 좋다. 식당 예약 시에 이름 스펠링을 불러 줄 때도 많이 쓰는 방법이다.

>>> 미션 힌트 이메일 주소는 영어로 어떻게 말할까?

우리가 인터넷으로 주고 받는 e-mail은 electronic mail(전자 우편)의 줄임말이다. 이메일 주소(e-mail address)에서 우리가 흔히 골뱅이라고 읽는 @는 영어로 at이라고 읽으면 되고, 점(.)은 dot이라고 읽는다. 또, 아이디에 쓰는 _는 underscore, -는 dash라고 읽으면 된다. 예를 들어 abc_1@google.com이라는 메일 주소는 abc underscore one at google dot com이라고 말한다.

혹시 한국에 올 일이 있으면 친절하게 안내해 주겠다고 고마움을 표하자.

⑩ 한국에 오게 되면
우리 집에 놀러 오세요.

술집에서 알게 된 사람들과 한잔 두잔 마시다 보니 너무 시간이 늦어 버렸다.

⑪ 아, 이제 가 봐야겠어요.

아쉽지만 이제는 헤어질 시간이다.
그새 친해진 사람들에게 작별인사를 하자.

⑫ 만나서 즐거웠어요.

B O N U S +

기차에서 잠깐 이야기를 나눈 여행자와 헤어지면서 한마디 건네자.

Have a nice trip!
즐거운 여행 되세요!

⑩ Please visit me if you ever come to Korea.

if you ever come to Korea와 같이 ever를 쓰면 '한국에 올 일이 있으면 언제든지'와 같은 어감을 전달할 수 있다. 참고로 '우리 계속 연락하고 지내요'라고 하려면 Let's keep in touch.라고 하면 된다.

⑪ Oh, no. I'd better go.

Oh, no.는 안 좋은 일에 대해 놀랐을 때 쓰는 감탄사이다. I'd better ~.는 I had better ~.의 줄임말로 '~해야 한다'라는 뜻이다. 어떤 일을 하지 않으면 곤란해지는 경우에 주로 사용하는 표현이다. '가 봐야겠어요'는 I have to go.라고 해도 괜찮다.

⑫ It was nice meeting you.

처음 만난 사람과 친해진 다음, 헤어질 때 쓸 수 있는 인사말이다. 처음 만난 사람과 잠깐 이야기한 정도로는 meet(만나다)이 아닌 talk(이야기하다)를 사용해 It was nice talking to you.(이야기 나눠서 즐거웠어요.)라고 말하는 것이 더 자연스럽다. 가볍게 작별인사를 건네고 싶다면 Bye.라고 인사하면서 헤어지면 된다.

>>> 미션 힌트 영어로 건배할 때는 뭐라고 말할까?

술집에서 현지인들과 어울리다 보면 건배할 일이 종종 생긴다. 영어로 건배할 때 가장 보편적으로 많이 쓰는 표현은 Cheers!이다. Here's to ~!도 많이 쓰는데, '~을 위하여!'에 가까운 뜻을 갖는다. 예를 들어 친구들끼리 건배할 때 Here's to us!(우리를 위하여!)라는 표현을 많이 사용한다. 또는 To our friendship!(우리의 우정을 위하여!)처럼 말하기도 한다. '원 샷!'에 해당하는 Bottoms up!도 건배할 때 많이 쓰는데 술잔 밑바닥이 위로 가도록 들어 올려 한 번에 마시라는 의미이다.

❶ 난 한국에서 왔어요.

여행 중 만난 외국인이 내가 어느 나라에서 왔는지 궁금해한다.

❶ I'm from South Korea.

외국인: **May I ask where you're from?**
어디서 왔는지 물어봐도 될까요?

I'm from ~. 또는 I come from ~.으로 내가 어느 나라에서 왔는지 말할 수 있다. 간단하게 South Korea.라고만 대답해도 된다.

❷ 한국에 가 본 적 있어요?

여행 중 친해진 사람과 이야기하다가 해외 여행이 취미라는 이야기를 들었다.

❷ Have you ever been to South Korea?

'~에 가 본 적 있어요?'라고 물어볼 때는 현재 완료형인 Have you ever been to ~?로 물어본다. 참고로 '한국 음식 먹어 본 적 있어요?'는 Have you ever eaten Korean food?라고 한다.

❸ 다시 만나서 반가워요.

어제 호스텔에서 만나 친해진 사람을 여행 중에 또 마주쳤다.

❸ I'm glad to see you again.

처음 만난 사람에게 만나서 반갑다고 할 때는 I'm glad to meet you.라고 하지만, 다시 만난 사람에게 반갑다고 할 때는 동사 자리에 meet 대신 see를 써서 표현한다. It's nice to see you again.이라고 해도 좋다.

4 내일 같이
시내 구경 가실래요?

투어에서 알게 된 다른 나라 여행객들에게 함께 다니자고 해 볼까?

4 Would you like to go sightseeing around town together tomorrow?

'시내를 관광하다, 시내를 구경하다'는 go sightseeing around town이라고 한다. 좀 더 가볍게 말하고 싶다면 Would you like to ~? 대신 Do you want to ~?로 물어볼 수도 있다.

5 두 분이서 자주
여행을 다니시나요?

관광지에서 알게 된 외국인 노부부에게 질문해 보자.

5 Do you travel a lot together?

'평소에 ~하다'라는 의미를 나타내는 현재형으로 물어보자. '자주 ~하다'에서 '자주'의 의미는 a lot으로 나타낼 수 있다. 참고로 '혼자 여행 오셨어요?'라고 할 때는 Are you traveling alone?이라고 물어보자.

6 한국에 돌아가면
이메일 보낼게요.

친해진 외국 여행객들과 헤어지면서 인사를 건네려 한다.

6 I'll e-mail you when I get back to Korea.

e-mail은 '이메일'이라는 뜻뿐 아니라 '이메일을 보내다'라는 뜻의 동사로도 쓸 수 있다. '(집에) 돌아가다'는 get back이라고 한다.

Special Training

해외여행이 만만해지는

미션 트레이닝

>>> 미션 Repeat!

실제로 내가 처해 있는 상황이라고 상상하면서 빈칸에 영어 표현을 쓰고 직접 말해 보자.
〈훈련하기〉 MP3를 들으면서 공부하면 금상첨화!

Scene 1 기내에서 ▶p.11

1

Excuse me.

______________.

▶ 죄송하지만 거기는 제 자리 같은데요.

2

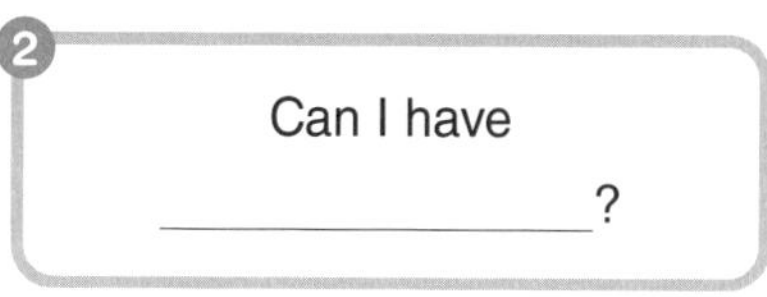

Can I have

______________?

▶ 얼음을 넣은 오렌지 주스 주세요.

3

No ______________.

▶ 괜찮아요.

4

______________, ______________.

▶ 닭고기로 주세요.

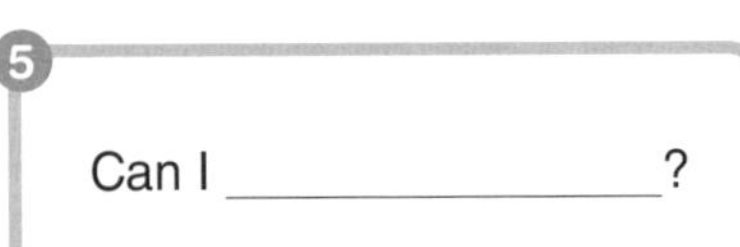

5 Can I ________________?

▶ 식사를 나중에 해도 될까요?

6 Can you ________________?

▶ 이것 좀 정리해 주실래요?

7 Excuse me.

________________?

▶ 죄송한데 잠깐 지나가도 될까요?

8 How ________________?

▶ 영화를 바꾸려면 어떻게 하면 될까요?

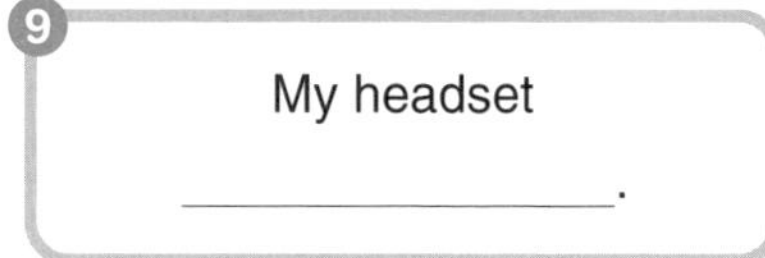

9

My headset

________________.

▶ 헤드폰이 고장 난 거 같은데요.

10

Do you have

________________?

▶ 한국 신문 있으세요?

11

Can I ________________?

▶ 담요 한 장 더 주실래요?

12

Excuse me.

________________?

▶ 죄송한데, 한국 사람도 그거 필요한가요?

Scene 2 공항에서 ▶p.21

1 I'd like ________________.

▶ 통로석으로 해 주세요.

2 I'd like ________________.

▶ 하나 부칠 거예요.

3 Can I ________________?

▶ 이거 기내에 들고 가도 되나요?

4 I'll ________________

to ________________.

▶ 기내용 수하물에 물건을 조금만 옮겨 담을게요.

5 Can you ________________?

▶ 마일리지 적립해 주시겠어요?

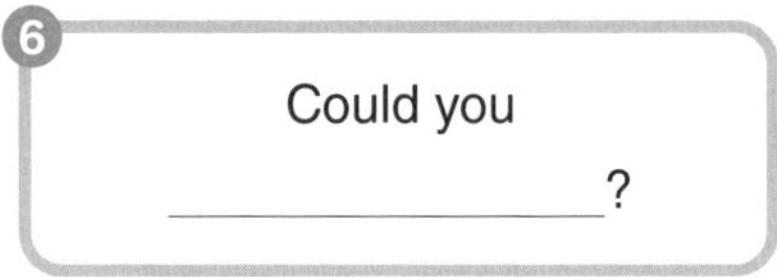

6 Could you ________________?

▶ 다른 항공편으로 변경해 주실 수 있을까요?

7 I'd like to ________________.

▶ 귀국편 예약 좀 재확인할게요

8 Where should I ________________?

▶ 환승해야 하는데 어디로 가야 하나요?

9 ________________________.

▶ 관광이에요.

10 ________________________.

▶ 일주일이요.

11 She's ________________________.

▶ 친구입니다.

12 No, ________________________.

▶ 아뇨. 신고할 물건이 없어요.

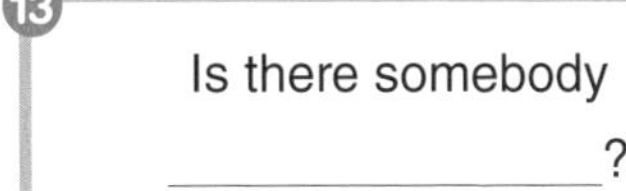

13 Is there somebody ______________?

▶ 혹시 한국어 가능하신 분 계세요?

14 I can't ______________.

▶ 제 짐이 어디 갔는지 못 찾겠어요.

15 Excuse me. ______________!

▶ 죄송한데 그건 제 거 같은데요!

16 Where ______________?

▶ 카트는 어디에 있나요?

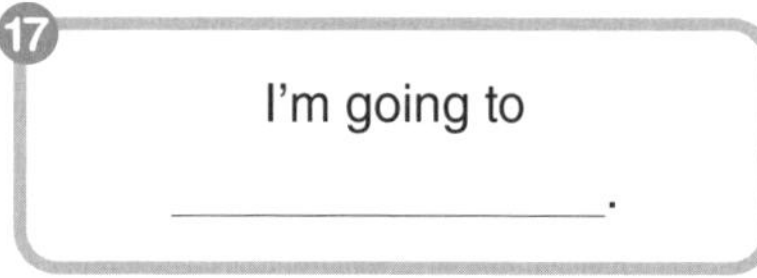

17 I'm going to ________________.

▶ 인천으로 가는 연결편 시간에 못 맞출 것 같아요.

18 Will you ________________?

▶ 오늘 밤 숙소는 그쪽에서 준비해 주시나요?

Scene 3 택시 탈 때 ▶p.33

1 Could you tell me ________________?

▶ 택시 타는 곳은 어디인가요?

2 I'd ________________.

▶ 여기로 가 주세요.

3

________________ the Century Hotel?

▶ 센트리 호텔까지 요금이 얼마인가요?

4

Can you ________________?

▶ 트렁크 좀 열어 주시겠어요?

5

Could you ________________?

▶ 좀 도와주시겠어요?

6

Your ________________.

Where ________________?

▶ 한국어 잘하시네요. 어디서 배우셨어요?

7 No, ________________.

▶ 아니요. 처음 왔어요.

8 What places ________________?

▶ 추천해 주실 만한 곳이 있나요?

9 Where can I ________________?

▶ 현지 음식을 맛있게 하는 괜찮은 식당이 있을까요?

10 Can you ________________?

▶ 저기 신호 앞에서 세워 주시겠어요?

11 ____________________, please.

▶ 5달러만 거슬러 주세요.

12 Can I ____________________?

▶ 영수증 좀 주실래요?

Scene 4 지하철·기차 탈 때 ▶p.43

1 Do you have ____________________?

▶ 일일 무제한 승차권이 있나요?

2 Can I have ____________________?

▶ 보스턴까지 왕복으로 성인 2장 주세요.

3 Could you tell me ________________?

▶ 퀸스 역은 어떻게 가야 하나요?

4 ________________ at 14th Street?

▶ 이 전철이 14번가에 서나요?

5 Where ________________?

▶ 어디서 갈아타면 되나요?

6 Please ________________.

▶ 여기 앉으세요.

7

Would you

_______________?

▶ 도와 드릴까요?

Scene 5 버스 탈 때 ▶p.51

1

Do you know

_______________?

▶ 42번가에 가고 싶은데, 어떤 버스를 타면 될까요?

2

____

42nd Street?

▶ 42번가에 가는 버스 맞나요?

3

Can I _______________?

▶ 이 카드로 탈 수 있나요?

4 Could you tell me

______________?

▶ 지금 어디쯤 가고 있는지 알려 주시겠어요?

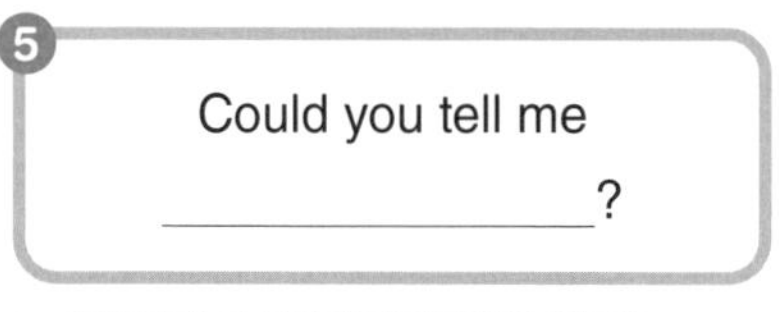

5 Could you tell me

______________?

▶ 42번가에 도착하면 알려 주시겠어요?

6 Could you ______________?

▶ 벨 좀 눌러 주시겠어요?

Scene 6 길 물어볼 때 ▶p.57

1 ______________

the History Museum?

▶ 역사박물관에 어떻게 가야 하는지 알려 주시겠어요?

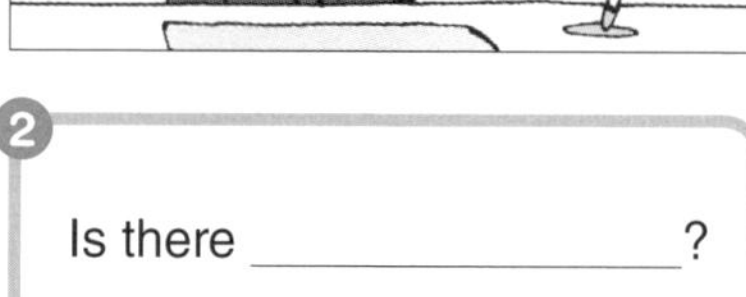

2 Is there ____________?

▶ 이 근처에 약국이 있을까요?

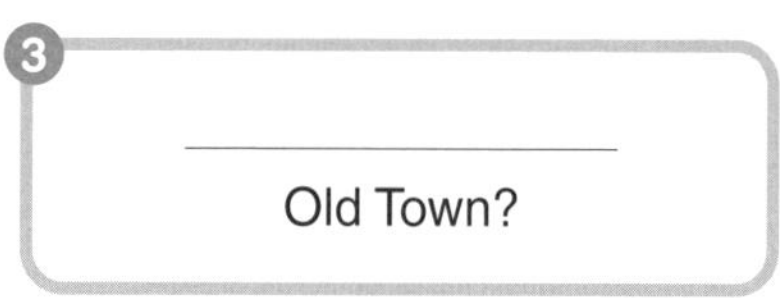

3 ____________ Old Town?

▶ 전차로 올드 타운까지 갈 수 있나요?

4 Is Baker Station ____________?

▶ 여기서 베이커 역까지는 먼가요?

5 ____________ to get there?

▶ 거기까지 얼마나 걸리나요?

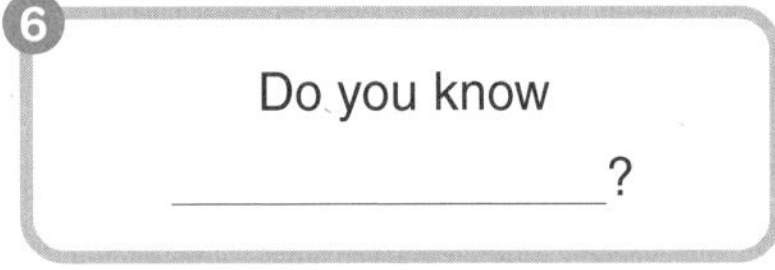

▶ 3번가는 어느 쪽으로 가야 하는지 아세요?

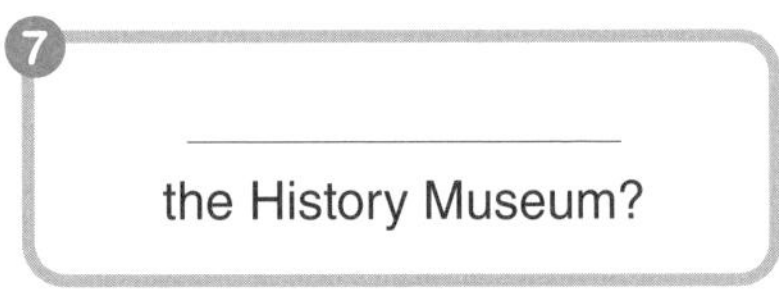

▶ 역사박물관에 가고 싶은데, 이쪽으로 가는 게 맞나요?

8

Do you know

________________?

▶ 이 식당이 어디에 있는지 아세요?

9

Are ________________?

▶ 지금 있는 곳이 여기가 맞나요?

Sorry. I'm not sure.

10

Well, ______________.

▶ 어쨌거나 고맙습니다.

Scene 7 차 렌트할 때 ▶p.65

1

I have ______________.

▶ 소형차로 예약한 사람인데요.

2

Does it ______________?

▶ 보험에 가입되어 있나요?

3

She ______________.

Do you ______________?

▶ 친구도 같이 운전할 예정인데, 동승자 면허증도 필요한가요?

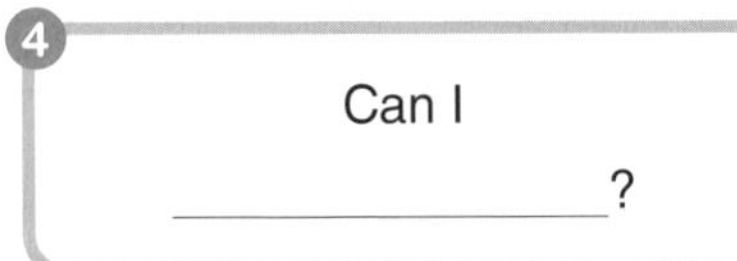

4

Can I

________________?

▶ 공항에서도 반납할 수 있나요?

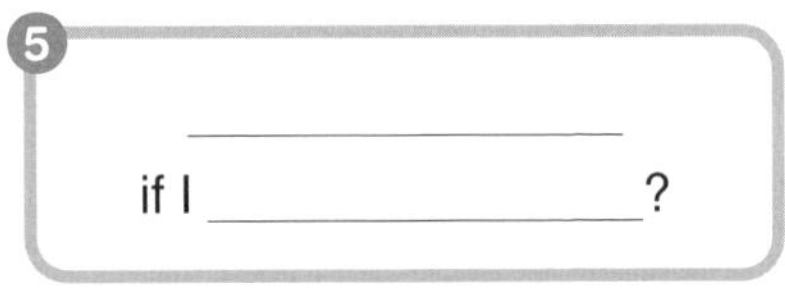

5

____

if I ________________?

▶ 기름을 채우지 않고 반납하면 얼마 정도 더 내야 하나요?

6

________________, please.

▶ 가득 채워 주세요.

7

I can't seem to

________________.

▶ 신용카드로 결제가 잘 안 되는 것 같아요.

Scene 8 호텔에서 ▶p.73

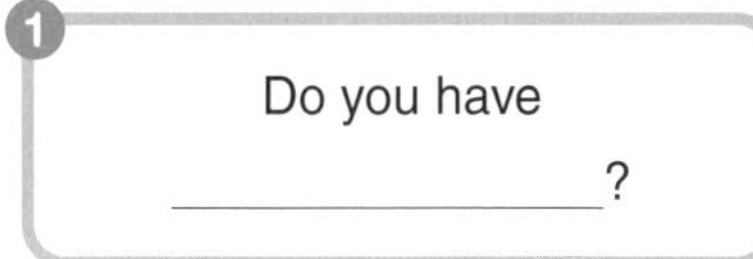

▶ 오늘 밤에 묵을 수 있는 트윈룸 하나 있나요?

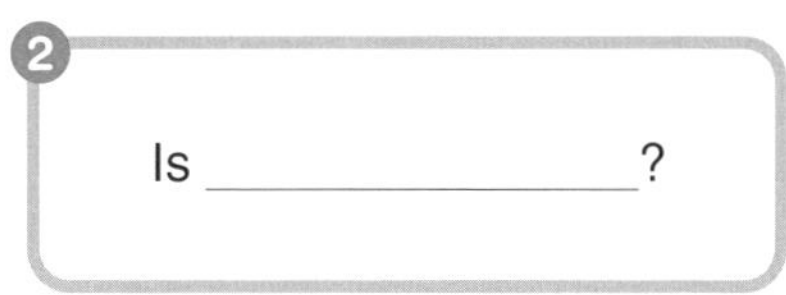

▶ 조식 포함인가요?

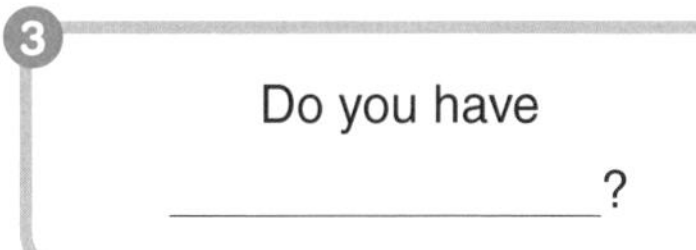

▶ 바다가 보이는 방이 있나요?

4

_________________,

but _________________.

▶ 오늘밤에 예약한 사람인데요, 도착이 많이 늦어질 것 같아요.

5 Can I ________________?

▶ 공항까지 데리러 와 주실 수 있나요?

6 ________________.
Thank you.

▶ 안녕하세요. 고맙습니다.

7 Hi. ________________.
________________ Jiho Kim.

▶ 안녕하세요. 예약한 김지호인데요.

8 That's ________________.
Here's ________________.

▶ 이상하네요. 여기 바우처 가져왔어요.

9

Could you

____________________?

▶ 3시까지 짐을 좀 맡아 주시겠어요?

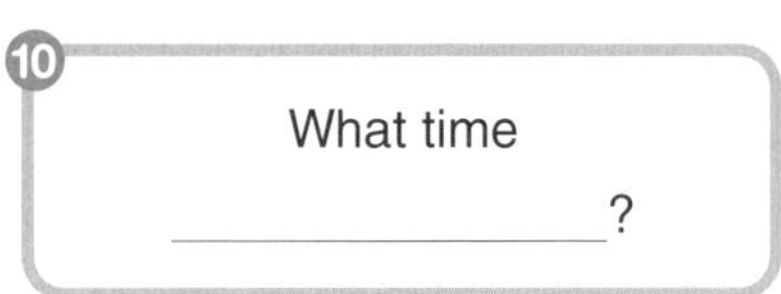

10

What time

____________________?

▶ 조식은 몇 시부터 몇 시까지인가요?

11

Is there

____________________?

▶ 방에서 인터넷 쓸 수 있나요?

12

What is ____________________?

▶ 와이파이 비밀번호는 무엇인가요?

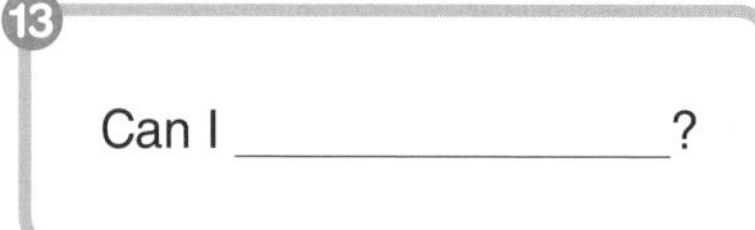

▶ 여기다 귀중품을 맡겨 놓을 수 있나요?

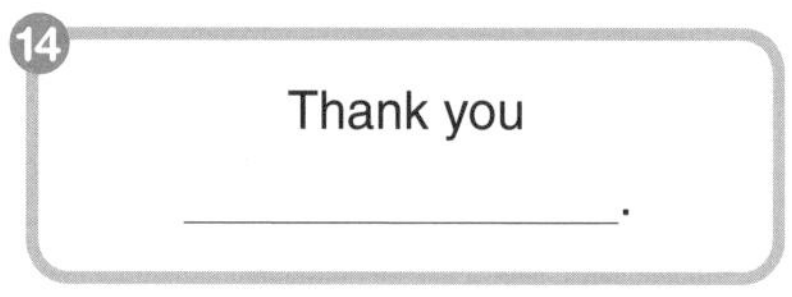

▶ 도와주셔서 감사합니다.

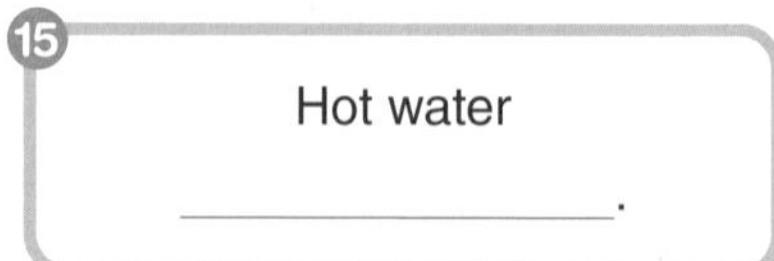

▶ 뜨거운 물이 안 나오는데요.

16

The ________________.

Can you ________________?

▶ 에어컨이 안 되는 것 같은데 좀 봐 주시겠어요?

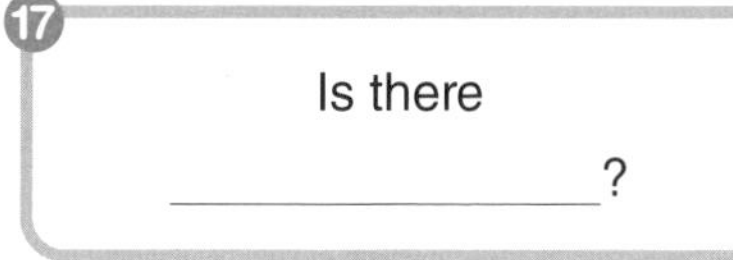

17 Is there
__________________?

▶ 이 주변에 24시간 영업하는 식품점이 있나요?

18 I'm just
__________________.

▶ 잠깐 뭣 좀 사러 갔다 올게요.

19 Do you have
__________________?

▶ 콘센트 어댑터 있어요?

20 I'd like to __________________.

▶ 문서를 출력하고 싶은데요.

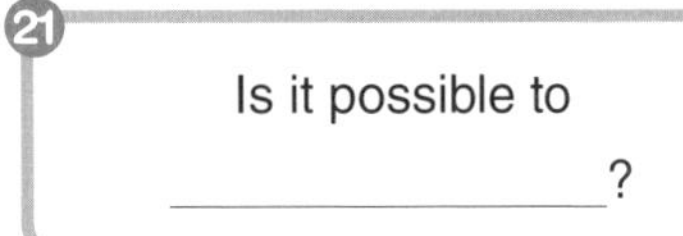

21 Is it possible to

_______________?

▶ 여기서 엽서를 보내주실 수 있나요?

22 I _______________.

▶ 열쇠를 방 안에 놓고 나와서 못 들어가고 있어요.

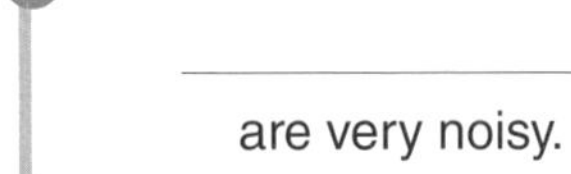

23 _______________

are very noisy.

▶ 옆 방이 너무 시끄러워요.

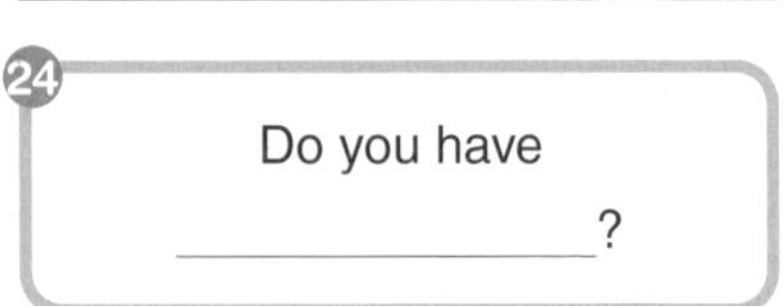

24 Do you have

_______________?

▶ 늦게 퇴실해도 되나요?

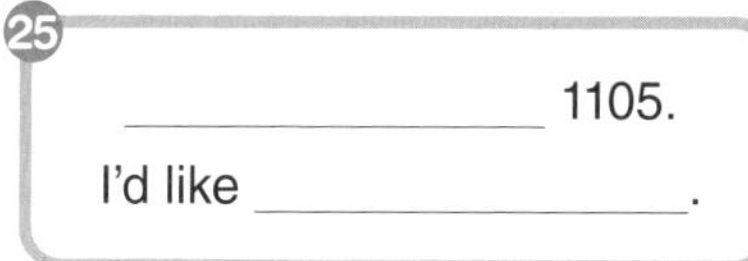

▶ 1105호실인데요. 유럽식 아침 식사 2개 부탁 드려요.

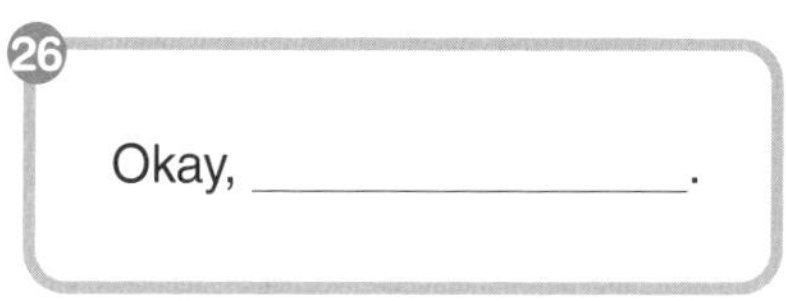

▶ 네, 지금 갈게요.

27

I'd like to

________________.

▶ 1박 더 연장하고 싶은데요.

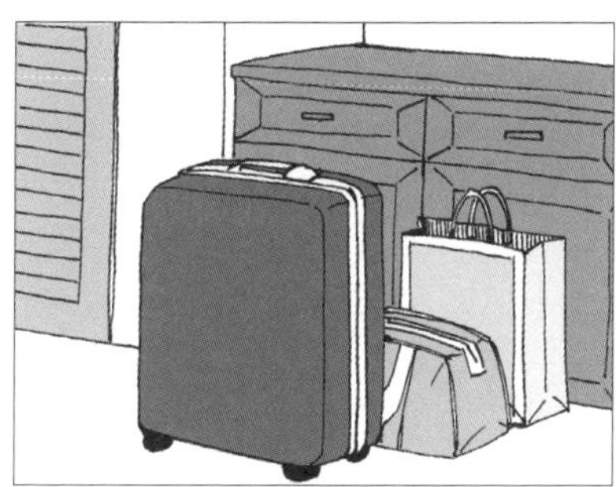

28

I'd ________________.

Can I ________________?

▶ 체크아웃하고 싶은데요, 짐 좀 옮겨 주시겠어요?

29 I'd ______________________, please.

▶ 체크아웃할게요.

30 What's ______________________?

▶ 이건 무슨 요금인가요?

Scene 9 카페 · 패스트푸드점에서 ▶p.91

1 Can I have ______________________?

▶ 카페라테 중간 사이즈로 하나 주세요.

2 Can I have ______________________?

▶ 이거랑 이거도 주세요.

3 Can you ________________?

▶ 좀 데워 주시겠어요?

4 No, ________________.

▶ 
아니요. 그게 다예요.

What's your name?

5 ________________, please.

▶ 여기서 먹을게요.

6 ________________.

J-I-H-O.

▶ 지호예요. J-I-H-O

7

No, I'll ____________________.

▶ 아니요, 블랙으로 주세요.

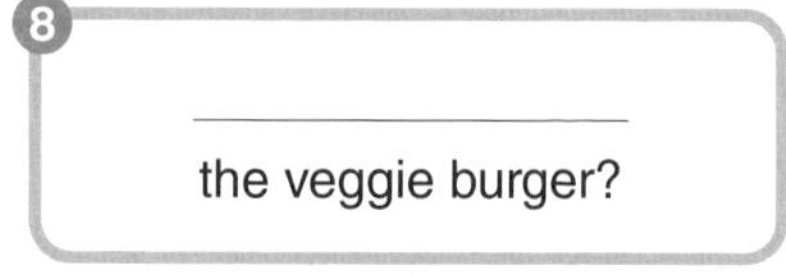

8

____________________ the veggie burger?

▶ 베지 버거에는 뭐가 들어가나요?

9

____________________, please.

▶ 파스트라미 샌드위치 하나, 호밀빵으로 해 주세요.

10

____________________, please.

▶ 전부 넣어 주세요.

Scene 10 식당에서 ▶p.99

1

Do you have
_________________?

▶ 세 명 자리 있나요?

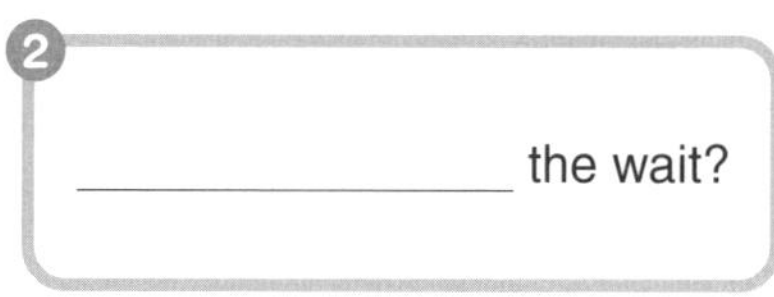

2

_________________ the wait?

▶ 얼마나 기다려야 하나요?

3

____
will it take?

▶ 앞으로 얼마나 더 걸리나요?

4

I'll _________________.

▶ 그럼 다음에 다시 올게요.

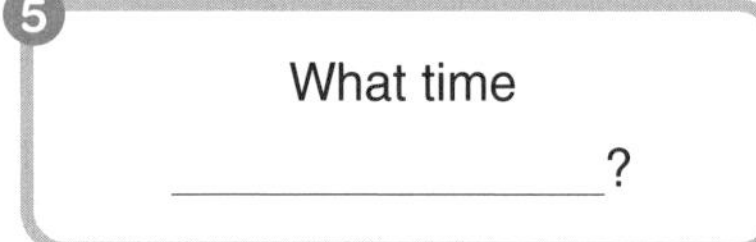

▶ 몇 시부터 문을 여나요?

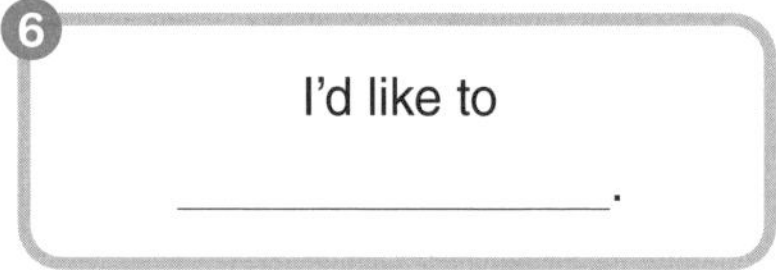

▶ 오늘 저녁 8시에 2명 예약하려고 하는데요.

7

Hi. __________________.

▶ 안녕하세요. 8시에 예약한 사람인데요.

8

Excuse me.

Can I __________________?

▶ 실례지만 메뉴판 좀 주실래요?

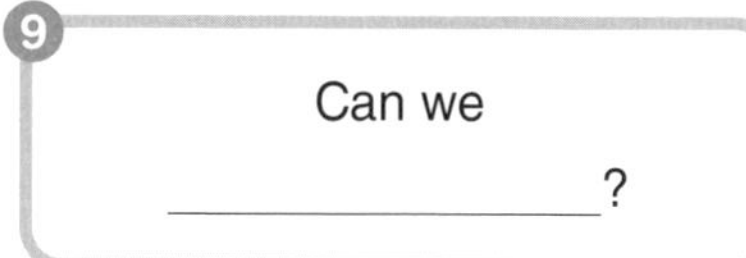

9 Can we ____________?

▶ 조금만 더 있다가 주문해도 될까요?

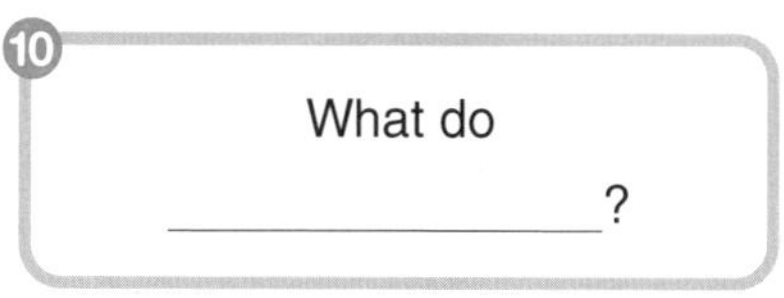

10 What do ____________?

▶ 추천 메뉴는 무엇인가요?

11 ____________ is this?

▶ 이건 어떤 요리인가요?

12 ____________ is this dish?

▶ 이건 양이 어느 정도 되나요?

13 What's ____________________?

▶ 저 분이 드시는 건 뭔가요?

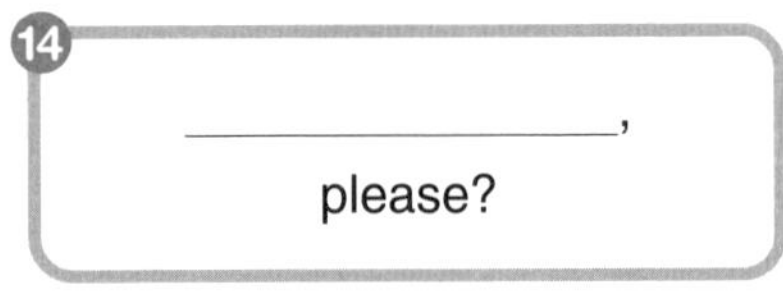

14 ____________________,
please?

▶ 주문해도 될까요?

15 ____________________
and the veal sauté?

▶ 시저 샐러드랑 송아지 볶음요리 주세요.

16 I'll ____________________.

▶ 저도 같은 걸로 할게요.

17

__________________, please.

▶ 미디엄 레어로 주세요.

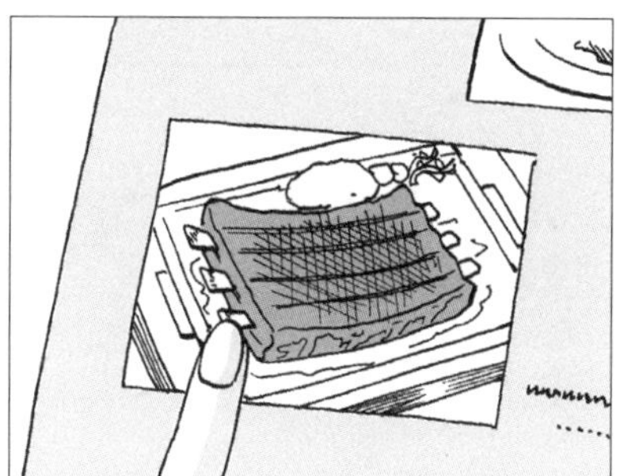

18

Can we __________________?

▶ 이거 친구와 같이 나눠 먹어도 되나요?

19

__________________________.

▶ 고마워요. 잘 먹겠습니다.

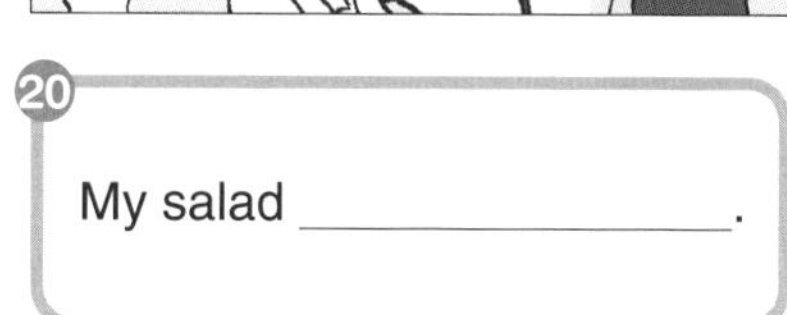

20

My salad __________________.

▶ 제가 주문한 샐러드가 아직 안 나왔는데요.

21 Where's ________________?

▶ 화장실은 어느 쪽인가요?

22 Can I ________________?

▶ 물 좀 주시겠어요?

23 Tap water ________________.

▶ 수돗물로 주세요.

24 I don't think ________________.

▶ 이거 주문 안 했는데요.

25

Yes. ________________.
Thank you.

▶ 네. 전부 좋아요. 감사합니다.

26

Can I ________________?

▶ 이거 싸 가도 되나요?

27

Oh, ________________.
Thank you.

▶ 아, 저는 괜찮아요.

28

Can I ________________?

▶ 계산 부탁드려요.

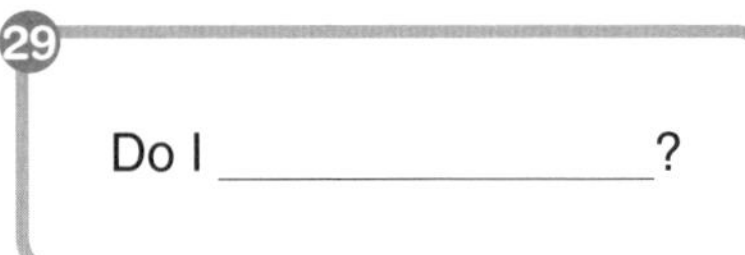

29

Do I ________________?

▶ 계산은 테이블에서 하나요?

30

Thank you ________________.

▶ 친절한 서비스 감사합니다.

31

________________.

You, too.

▶ 잘 먹었습니다. 안녕히 계세요.

Scene 11 쇼핑할 때 ▶p.119

1

No, thank you.

________________.

▶ 괜찮아요. 구경만 좀 할게요.

▶ 이거 잠깐 보여 주시겠어요?

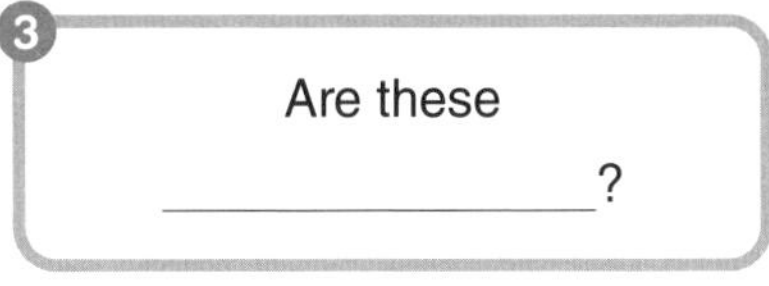

▶ 이것들은 수제품인가요?

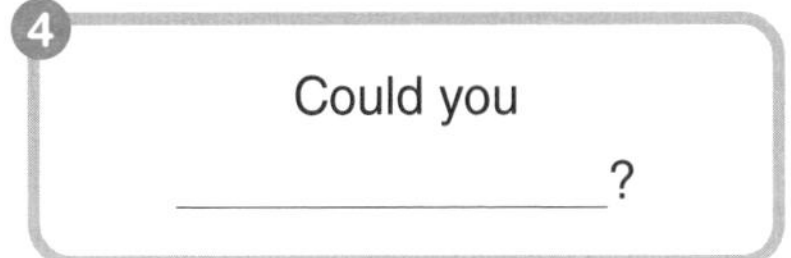

▶ 좀 더 싸게 해 주실 수 있어요?

▶ 선물로는 뭐가 인기가 좋은가요?

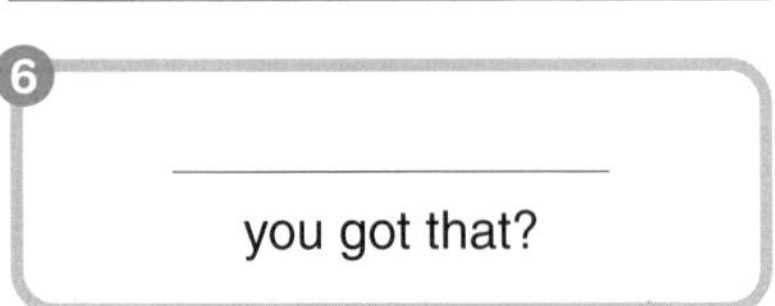

6 ________ you got that?

▶ 그거 어디서 사셨어요?

7 Where can I ________?

▶ 목도리는 어디서 파나요?

8 Can I ________?

▶ 이거 한번 입어 봐도 되나요?

9 Hmm, I think ________.

▶ 음, 제가 입기엔 좀 너무 화려한 거 같은데요.

10

Do you have

________________?

▶ 이거 더 작은 사이즈 있나요?

11

Do you ________________?

▶ 수선해 주실 수 있어요?

12

Can I ________________?

▶ 두 번째 단, 오른쪽에서 세 번째 물건 좀 보여 주시겠어요?

13

I'd like to

________________.

▶ 조금만 더 생각해 볼게요.

▶ 이거 살게요.

▶ 선물용으로 포장해 주시겠어요?

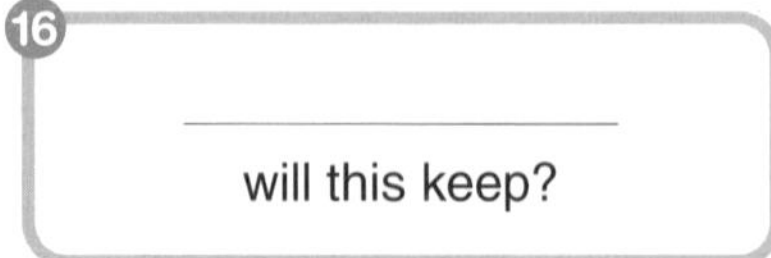

▶ 이거 이대로 며칠 정도 가나요?

17

Could you

________________?

▶ 따로따로 싸 주시겠어요?

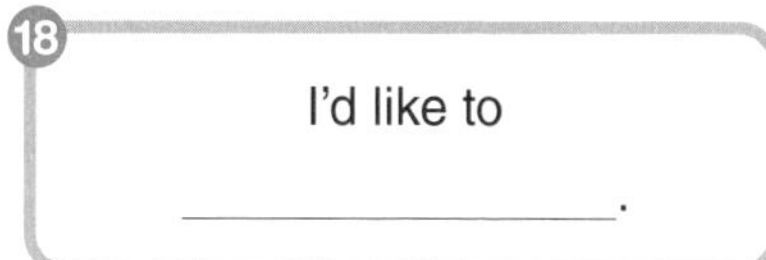

18 I'd like to ________________.

▶ 신용카드로 결제하고 싶은데요.

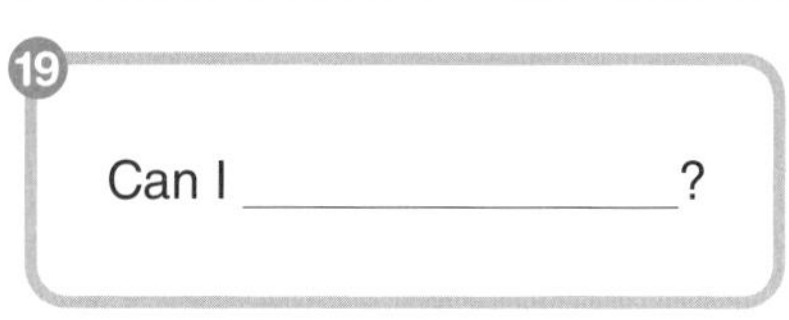

19 Can I ________________?

▶ 봉투 하나 더 주시겠어요?

20 You, ________________.

▶ 당신도 좋은 하루 보내세요.

21 No, ________________.

▶ 아니요, 없어요.

22
______________, please.

▶ 신용카드입니다.

Scene 12 관광안내소에서 ▶p.133

1
Can I ______________?

▶ 이거 가져가도 되나요?

2
Can I have
______________?

▶ 시내 관광 지도를 받을 수 있을까요?

3
Do you have
______________?

▶ 식당 할인 쿠폰 있나요?

▶ 이 동네에서 가 볼 만한 곳은 뭐가 있을까요?

5
Do you know
________________?

▶ 이 근처에 환전 가능한 곳이 어디인지 아세요?

Scene 13 환전소 · 우체국에서 ▶p.139

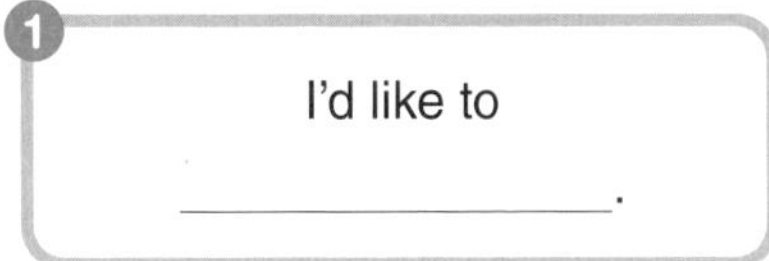

▶ 원화를 달러로 바꾸고 싶어요.

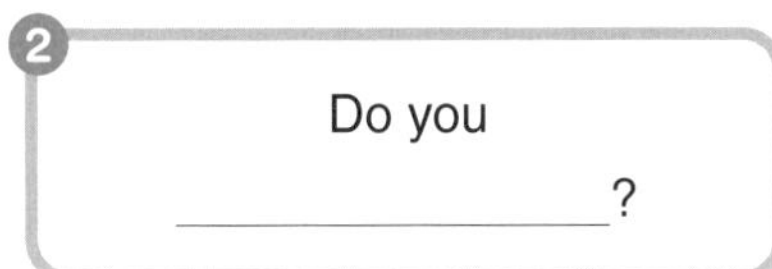

▶ 여행자 수표도 환전이 되나요?

3 Can you ________________?

▶ 1달러짜리 지폐 20장으로 바꿔 주시겠어요?

4 My card ________________.

▶ 카드가 기계에 들어가서 안 나와요.

5 I'd like to ________________.

▶ 한국으로 이 엽서를 보내고 싶어요.

6 ________________ to send this to Korea?

▶ 이걸 한국까지 보내려면 얼마인가요?

Scene 14 박물관 · 미술관에서 ▶p.145

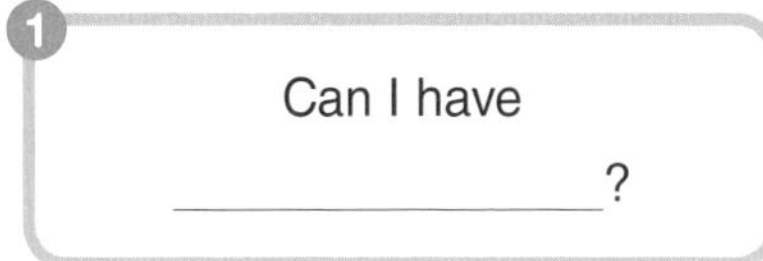

▶ 성인 2장 주세요.

▶ 학생 할인이 되나요?

3

__________, please.

▶ 한 사람당 10달러로 할게요.

4

What time __________?

▶ 몇 시까지 하나요?

5 What ________________?

▶ 무슨 요일에 문을 여나요?

6 Oh, sorry.
________________.

▶ 죄송합니다. 몰랐어요.

Scene 15 공연·스포츠 관람할 때 ▶p.151

1 I ________________.

▶ 인터넷으로 예약했는데요.

2 Do you
________________?

▶ 오늘 밤 공연 표가 아직 있나요?

3

We'd like to

___________________.

▶ 두 사람이 붙어 있는 자리가 좋아요.

4

Which seat

___________________?

▶ 어떤 자리가 더 잘 보일까요?

5

____

is this show?

▶ 이 공연은 상연시간이 얼마 정도 되나요?

6

No, it's ___________________.

▶ 아뇨. 뮤지컬 보는 건 처음이에요.

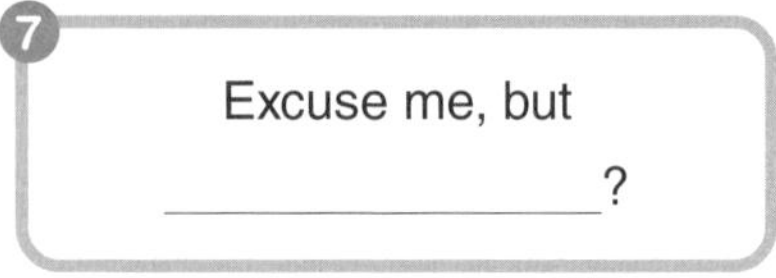

7 Excuse me, but

____________________?

▶ 죄송한데, 조용히 좀 해 주시겠어요?

8 Do you ____________________?

▶ 오늘 경기 표는 있나요?

9 Is there

____________________?

▶ 혹시 어디 맡길 수 있는 곳이 있을까요?

10 Excuse me.

____________________?

▶ 실례합니다. 이 자리 비어 있나요?

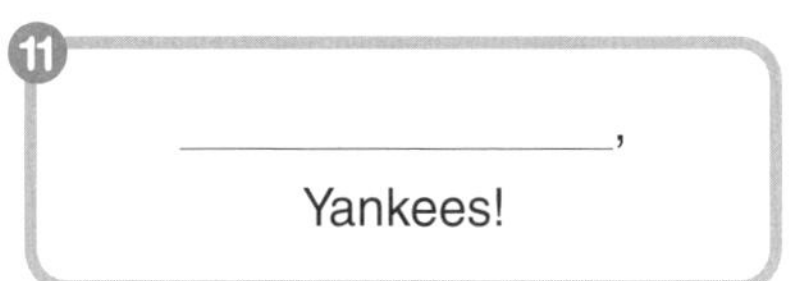

11

__________________,
Yankees!

▶ 양키스 파이팅!

12

Who's __________________?

▶ 어떤 선수를 좋아하세요?

Scene 16 관광할 때 ▶p.161

1

____
for the ABC tour?

▶ ABC 투어 집합 장소가 여기 맞나요?

2

____
the guide just said?

▶ 방금 가이드 분이 뭐라고 말했는지 좀 알려 주시겠어요?

3 Could you please

__________________?

▶ 사진 좀 찍어 주시겠어요?

4 Could you please

__________________?

▶ 뒤쪽에 교회도 나오게 찍어 주시겠어요?

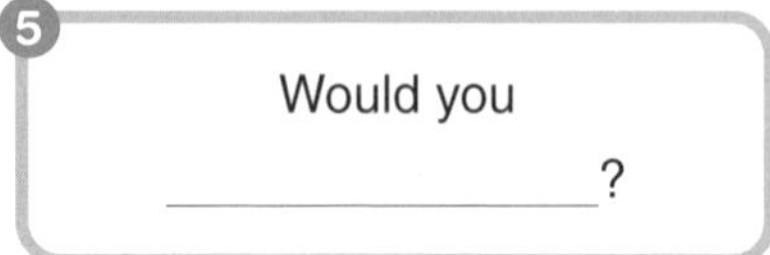

▶ 두 분 사진도 찍어 드릴까요?

6 Okay, __________________!

▶ 자, 웃으세요!

7

Can I ________________?

▶ 이 차림으로 들어가도 되나요?

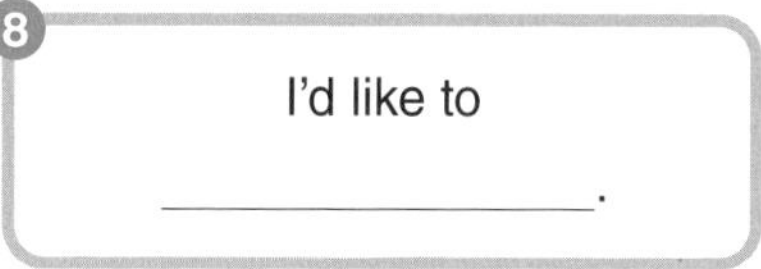

8

I'd like to

________________.

▶ 파라솔을 좀 빌리고 싶어요.

9

____

for parasailing here?

▶ 패러세일링 예약은 여기서 하면 되나요?

10

Do I ________________?

▶ 가져가야 할 게 있나요?

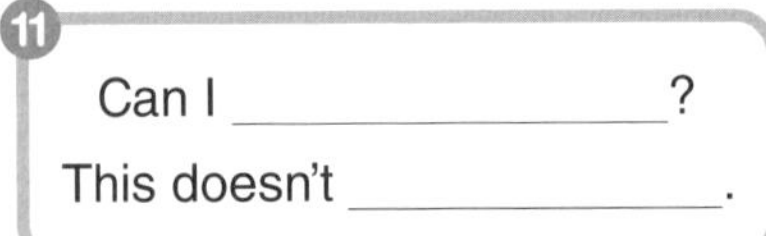

▶ 이거 크기가 안 맞는데 다른 사이즈로 주시겠어요?

12

I don't have

________________.

▶ 스쿠버 다이빙 자격증은 없는데요.

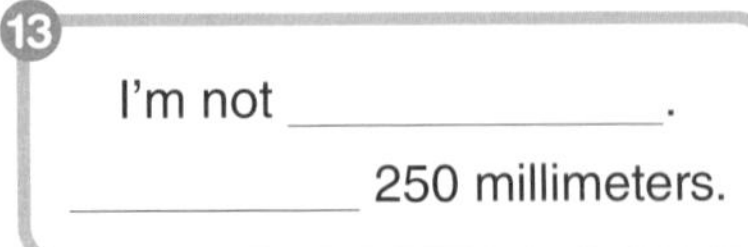

▶ 미국 사이즈로는 잘 모르겠어요. 250mm인데요.

14

____

the Ferris wheel?

▶ 여기가 관람차 대기 줄인가요?

15 Can we ________________?

▶ 잠깐 쉬었다 갈 수 있을까요?

16 What ________________!

▶ 경치가 멋지네요!

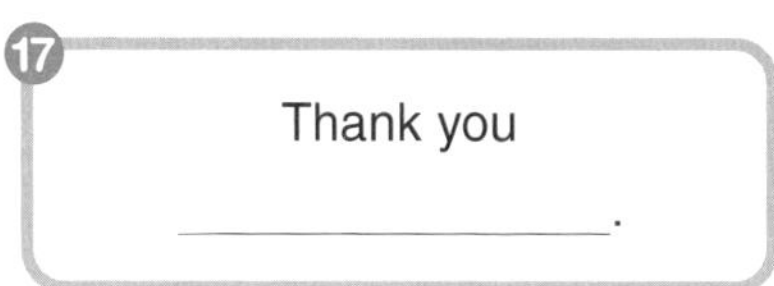

17 Thank you ________________.

▶ 오늘 하루 정말 감사했어요.

Scene 17 다른 사람과 교류할 때 ▶p.173

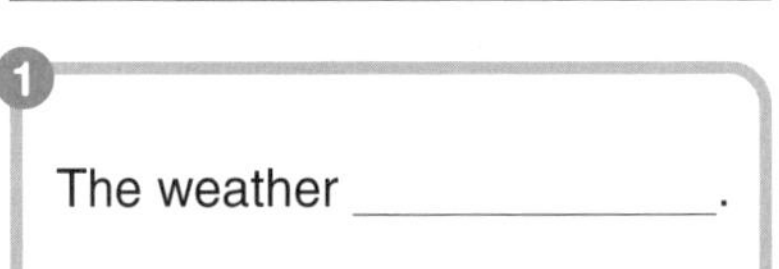

▶ 날씨가 정말 좋네요.

2

Where __________________?

▶ 이 다음에는 어디로 가실 생각이세요?

3

No, __________________.

▶ 아니요, 여행으로 왔어요.

4

What places
__________________?

▶ 어디어디 가셨어요?

5

What did you

______________?

▶ 가장 좋았던 장소는 어디였나요?

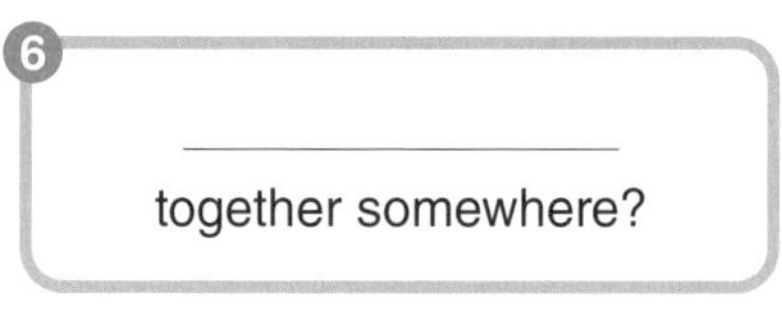

6

____

together somewhere?

▶ 괜찮으시면 어디서 저녁식사 같이 하시겠어요?

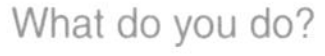

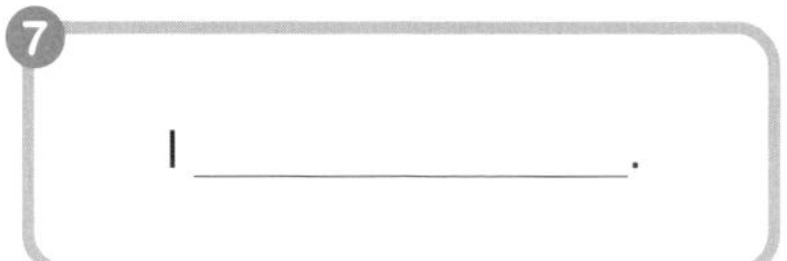

7

I ______________.

▶ 컴퓨터 회사에서 일하고 있어요.

8

____

e-mail address?

▶ 이메일 주소를 여쭤봐도 될까요?

▶ mouse의 M이에요.

10

Please visit me

________________.

▶ 한국에 오게 되면 우리 집에 놀러 오세요.

11

Oh, no. ________________.

▶ 아, 이제 가 봐야겠어요.

12

It was ________________.

▶ 만나서 즐거웠어요.

Special Bonus

말하기가 쉬워지는

여행영어 필수패턴 10

>>> 미션 Repeat!

여행에서 가장 많이 쓰는 중요 패턴 10개를 엄선해 앞에서 배운 문장과 함께 정리했다. 여행 가서 어떤 상황에 맞닥뜨리더라도 자신 있게 말할 수 있도록 반드시 외워 두자.

필수패턴 01 **Can I ~?** ~할 수 있을까요? / ~해도 될까요?

'(제가) ~할 수 있을까요?'라고 어떤 일이 가능한지 물어볼 때 쓰는 패턴이다. '~해도 될까요?'처럼 허락을 구할 때도 많이 쓴다. '~해도 되겠습니까?'라고 좀 더 정중하게 말하고 싶을 때는 May I ~?를 쓴다.

Can I use the lavatory now? • 14
지금 화장실 이용할 수 있어요?

Can I change seats? • 19
자리 좀 바꿀 수 있을까요?

Can I carry this onto the plane? • 23
이거 기내에 들고 타도 되나요?

Can I use this card? • 53
이 카드로 탈 수 있나요?

Can I take the trolley to Old Town? • 59
전차로 올드 타운까지 갈 수 있나요?

Can I walk there? • 62
걸어갈 수 있는 거리인가요?

Can I drop off this car at the airport? • 67
공항에서도 반납할 수 있나요?

Can I get a pickup, please? • 75
공항까지 데리러 와 주실 수 있나요?

Can I check my valuables here? • 79
여기다 귀중품을 맡겨 놓을 수 있나요?

I'd like to check out. **Can I** get help with my luggage? • 87
체크아웃하고 싶은데요, 짐 좀 옮겨 주시겠어요?

Can I get some napkins? • 96
냅킨 좀 주시겠어요?

Can I get a refill? • 97
리필 되나요?

Can I order, please? • 105
주문해도 될까요?

Can I take this home? • 113
이거 싸 가도 되나요?

Can I take a look at this? • 119
이거 잠깐 보여 주시겠어요?

Can I try this on? • 123
이거 한번 입어 봐도 되나요?

Can I see the third one from the right, in the second row? • 125
두 번째 단, 오른쪽에서 세 번째 물건 좀 보여 주시겠어요?

Can I have a look around? • 130
잠깐 구경 좀 해도 될까요?

Can I use this coupon? • 130
이 할인 쿠폰 쓸 수 있나요?

Can I try this? • 130
이거 시식해 봐도 될까요?

Can I get a refund? • 131
환불받을 수 있을까요?

Can I take this? • 133
이거 가져가도 되나요?

Can I see the special exhibition with this ticket? • 148
이 표로 특별 전시도 볼 수 있나요?

Can I take a picture if I don't use my flash? • 149
플래시를 터트리지 않으면 사진 찍어도 되나요?

Can I see the seating chart? • 158
좌석 배치도 좀 보여 주시겠어요?

Can I go in these clothes? • 165
이 차림으로 들어가도 되나요?

Can I ask your phone number? • 176
전화 번호를 여쭤봐도 될까요?

Can I ask your e-mail address? • 177
이메일 주소를 여쭤봐도 될까요?

필수패턴 02 Can I have ~? ~을 주세요.

직역하면 '~을 가질 수 있을까요?'란 의미니까, 즉 '~을 주세요'란 뜻이 된다. 뭔가를 달라고 부탁할 때 주로 쓰는 패턴이다.

Can I have orange juice with ice? • 11
얼음을 넣은 오렌지 주스 주세요.

Can I have my meal later? • 13
식사를 나중에 해도 될까요?

Can I have another blanket? • 17
담요 한 장 더 주실래요?

Can I have a receipt? • 39
영수증 좀 주실래요?

Can I have two round-trip adult tickets to Boston? • 43
보스턴까지 왕복으로 성인 2장 주세요.

Can I have a subway map? • 48
지하철 노선도 좀 주시겠어요?

Can I have a medium latte? • 91
카페라테 중간 사이즈로 하나 주세요.

Can I have this and this, too? • 91
이거랑 이거도 주세요.

Can I have a large iced Americano? • 96
아이스 아메리카노 큰 사이즈로 한 잔 주세요.

Can I have the menu? • 103
메뉴판 좀 주실래요?

Can I have the Caesar salad and the veal sauté? • 107
시저 샐러드랑 송아지 볶음요리 주세요.

Can I have some water? • 111
물 좀 주시겠어요?

Can I have the check, please? • 115
계산 부탁 드려요. / 계산서 좀 주시겠어요?

Can I have the dessert menu? • 117
디저트 메뉴 좀 주시겠어요?

Can I have another cup of coffee? • 117
커피 한 잔 더 주시겠어요?

Can I have another bag, please? • 129
봉투 하나 더 주시겠어요?

Can I have a tourist map of the town? • 133
시내 관광 지도를 받을 수 있을까요?

Can I have two adult tickets? • 145
성인 2장 주세요.

Can I have two adult tickets for the six o'clock show? • 158
6시 공연으로 성인 2장 주세요.

Can I have a seat in the front row? • 159
앞 열에 있는 자리에 앉을 수 있을까요?

Can I have a different size? This doesn't 'fit well. • 167
이거 크기가 안 맞는데 다른 사이즈로 주시겠어요?

필수패턴 03 Can you ~? ~해 주실래요?

다른 사람에게 간단한 부탁을 할 때 쓰는 말로, 가볍고 친근한 느낌을 주는 표현이다. 좀 더 정중하게 말하고 싶다면 Can you ~, please?라고 한다.

Can you take this away? • 13
이것 좀 정리해 주실래요?

Can you add the mileage points? • 23
마일리지 적립해 주시겠어요?

Can you open the trunk? • 35
트렁크 좀 열어 주시겠어요?

Can you pull over in front of that traffic light? • 39
저기 신호 앞에서 세워 주시겠어요?

Can you call a taxi for me, please? • 40
택시 좀 불러 주시겠어요?

Can you show me how to buy a ticket? • 46
표를 어떻게 사는지 알려 주시겠어요?

Can you show me how to use this pump? • 68
이 주유기를 어떻게 쓰는지 알려 주실래요?

The air conditioner doesn't seem to work. **Can you** take a look, please? • 81
에어컨이 안 되는 것 같은데 좀 봐 주시겠어요?

Can you heat it up? • 93
좀 데워 주시겠어요?

Can you gift-wrap it? • 127
선물용으로 포장해 주시겠어요?

Can you include twenty one-dollar bills? • 141
1달러짜리 지폐 20장으로 바꿔 주시겠어요?

필수패턴 04 Could you ~? ~해 주실 수 있을까요?

Can you ~?보다 정중하게 부탁할 때 쓸 수 있는 표현이다. 다른 사람에게 약간 무리한 부탁을 할 경우에는 이 패턴을 사용해서 말해 보자.

Could you put me on another flight? • 23
다른 항공편으로 변경해 주실 수 있을까요?

Could you mark this bag as "fragile"? • 30
이 가방에 '파손 주의' 스티커 좀 붙여 주실래요?

Could you speak more slowly? • 31
좀 더 천천히 말씀해 주시겠어요?

Could you give me a hand, please? • 35
좀 도와주시겠어요?

Could you slow down, please? • 41
속도 좀 줄여 주시겠어요?

Could you press the button for me, please? • 53
벨 좀 눌러 주시겠어요?

Could you break this? • 54
이거 잔돈으로 좀 바꿔 주시겠어요?

Could you keep my luggage until three? • 77
3시까지 짐을 좀 맡아 주시겠어요?

Could you show me the room? • 88
방 좀 보여 주시겠어요?

Could you change my room, please? • 89
방을 좀 바꿔 주시겠어요?

Could you bring me two bath towels, please? • 89
목욕 수건 2장 좀 가져다 주시겠어요?

Could you make it a little cheaper? • 121
좀 더 싸게 해 주실 수 있어요?

Could you wrap those separately? • 127
따로따로 싸 주시겠어요?

Could you recommend a good restaurant? • 137
괜찮은 식당을 추천해 주시겠어요?

Could you give me some smaller bills? • 142
좀 더 작은 단위의 지폐도 주시겠어요?

Excuse me, but could you keep it down, please? • 155
죄송한데, 조용히 좀 해 주시겠어요?

Could you please take our picture? • 163
사진 좀 찍어 주시겠어요?

Could you please include the church in the back? • 163
뒤쪽에 교회도 나오게 찍어 주시겠어요?

필수패턴 05 Could you tell me ~? ~을 알려 주시겠어요?

여기서 tell은 '알려 주다'라는 뜻으로, '~을 알려 주시겠어요?'라고 정중하게 부탁할 때 쓰는 말이다. tell me 다음에는 what, where, how 같은 의문사가 이어지는데, 의문사 뒤에는 〈주어 + 동사〉 또는 〈to + 동사원형〉의 어순이 된다.

Could you tell me what he just said? • 18
지금 뭐라고 한 건지 좀 알려 주실래요?

Could you tell me where the taxi stand is? • 33
택시 타는 곳은 어디인가요?

Could you tell me how to get to Queens Station? • 45
퀸스 역은 어떻게 가야 하나요?

Could you tell me where we are right now? • 53
지금 어디쯤 가고 있는지 알려 주시겠어요?

Could you tell me when we get to 42nd Street? • 53
42번가에 도착하면 알려 주시겠어요?

Could you tell me how to get to the History Museum? • 57
역사박물관에 어떻게 가야 하는지 알려 주시겠어요?

Could you tell me what the guide just said? • 161
방금 가이드 분이 뭐라고 말했는지 좀 알려 주시겠어요?

필수패턴 06 Do you ~? ~하나요?

'(평소에) ~하나요?'라는 의미인데, 가게나 매장에서 어떤 서비스를 하고 있는지 물어볼 때도 많이 쓰는 패턴이다.

She will be driving, too. **Do you** also need her license? • 67
친구도 같이 운전할 예정인데, 동승자 면허증도 필요한가요?

Do you do alterations? • 125
수선해 주실 수 있어요?

Do you sell one-day bus tickets? • 137
버스 1일권 팔고 있나요?

Do you exchange traveler's checks? • 139
여행자 수표도 환전이 되나요?

Do you travel a lot together? • 181
두 분이서 자주 여행을 다니시나요?

필수패턴 07 Do you have ~? ~이 있나요?

직역하면 '~을 가지고 있나요?'라는 의미인데, '~이 있나요?'라고 물어볼 때 늘 쓰는 표현이다.

Do you have a Korean newspaper? • 17
한국 신문 있으세요?

Do you have any aspirin? • 19
혹시 아스피린 있어요?

Do you have one-day unlimited-ride tickets? • 43
일일 무제한 승차권이 있나요?

Do you have a twin room available for tonight? • 73
오늘 밤에 묵을 수 있는 트윈룸 하나 있나요?

Do you have a room with an ocean view? • 75
바다가 보이는 방이 있나요?

Do you have an outlet adapter? • 83
콘센트 어댑터 있어요?

Do you have late checkout? • 85
늦게 퇴실해도 되나요?

Do you have a hair dryer? • 89
드라이어 있으세요?

Do you have a table for three? • 99
세 명 자리 있나요?

Do you have this in a smaller size? • 123
이거 더 작은 사이즈 있나요?

Do you have this in a different color? • 131
이거 다른 색상 있나요?

Do you have any discount coupons for restaurants? • 135
식당 할인 쿠폰 있나요?

Do you have student discounts? • 145
학생 할인이 되나요?

Do you have guided tours? • 149
가이드 투어가 있나요?

Do you have a Korean brochure? • 149
한국어 안내책자도 있나요?

Do you still **have** tickets for tonight's show? • 151
오늘 밤 공연 표가 아직 있나요?

Do you have tickets for todays' game? • 155
오늘 경기 표는 있나요?

I hurt my leg. **Do you have** a Band-Aid? • 171
다리를 좀 다쳤는데요. 반창고 갖고 계신가요?

필수패턴 08 Do you know ~? ~인지 아세요?

'~을 알고 있나요?'라는 의미지만, '(알고 있으면) 가르쳐 주시겠어요?'라는 의미로 많이 쓴다. know 뒤에는 what, how 같은 의문사가 이어지는 경우가 많으며, 의문사 뒤에는 주로 〈주어 + 동사〉가 이어진다.

Do you know which bus goes to 42nd Street? • 51
42번가에 가고 싶은데, 어떤 버스를 타면 될까요?

Do you know which way 3rd Avenue is? • 59
3번가는 어느 쪽으로 가야 하는지 아세요?

Do you know where this restaurant is? • 61
이 식당이 어디에 있는지 아세요?

Do you know where I can exchange money? • 135
이 근처에 환전 가능한 곳이 어디인지 아세요?

Do you know what is playing at the ABC Theater right now? • 137
ABC 극장에서 지금 무슨 공연을 하고 있는지 아세요?

필수패턴 09 I'd like to ~. ~하고 싶어요.

I would like to ~.를 짧게 줄인 형태로, '~하고 싶어요'라고 자신이 원하는 것을 정중하게 전달하는 말이다. '~을 원합니다'라고 할 때는 〈I'd like + 명사.〉 형태로 쓴다.

I'd like to check one item. • 21
하나 부칠 거예요.

I'd like to reconfirm my flight. • 25
귀국편 예약 좀 재확인할게요.

I'd like to go here. • 33
여기로 가 주세요.

I'd like to use this ticket starting today. • 48
오늘부터 이 표를 쓰고 싶어요.

I'd like to rent a car for three days. • 70
3일 동안 차를 빌리고 싶어요.

I'd like to print a document. • 83
문서를 출력하고 싶은데요.

I'd like to extend my stay by one night. • 87
1박 더 연장하고 싶은데요.

I'd like to check out. Can I get help with my luggage? • 87
체크아웃하고 싶은데요, 짐 좀 옮겨 주시겠어요?

I'd like to check out, please. • 87
체크아웃할게요.

I'd like to reserve a table for two for 8 p.m. tonight. • 101
오늘 저녁 8시에 2명 예약하려고 하는데요.

I'd like to think about it. • 125
조금만 더 생각해 볼게요.

I'd like to pay with my credit card. • 127
신용카드로 결제하고 싶은데요.

I'd like to change won into dollars. • 139
원화를 달러로 바꾸고 싶어요.

I'd like to send this postcard to Korea. • 141
한국으로 이 엽서를 보내고 싶어요.

I'd like to rent a beach parasol. • 165
파라솔을 좀 빌리고 싶어요.

I'd like to rent a snowboard and boots. • 166
스노보드와 부츠를 빌리고 싶어요.

I'd like to sign up for the bus tour. • 170
버스 투어 신청을 하고 싶은데요.

필수패턴 10 Is there ~? ~이 있나요?

어떤 것이 존재하는지 여부를 물어볼 때 쓰는 표현이다. Is there ~ around[near] here? 형태로 주변에 어떤 시설이나 장소가 있는지 물어볼 때도 많이 쓴다.

Is there somebody who can speak Korean? • 27
혹시 한국어 가능하신 분 계세요?

Is there a drugstore around here? • 57
이 근처에 약국이 있을까요?

Is there a gas station around here? • 71
이 근처에 주유소가 있나요?

Is there an Internet connection in the room? • 79
방에서 인터넷 쓸 수 있나요?

Is there a 24-hour food store near here? • 81
이 주변에 24시간 영업하는 식품점이 있나요?

Is there a dress code? • 116
복장 규정이 있나요?

Is there a post office near here? • 143
여기 근처에 우체국이 있을까요?

Is there any place I can leave it? • 155
혹시 어디 맡길 수 있는 곳이 있을까요?

Is there an intermission? • 159
중간에 휴식 시간이 있나요?

★★★ Special Bonus

여행 가서 급할 때 쓰는

영어표현 찾아보기

>>> 미션 Repeat!

여행에서 필요한 표현을 바로 찾을 수 있도록 책에 나온 모든 표현을 상황별로 정리했다.
한국어 해석에 맞는 영어 표현을 해당 페이지에서 찾아 보자.

Scene 01
기내에서
On a plane

Scene 02
공항에서
At an airport

Scene 03
택시 탈 때
Taking a Taxi

Scene 07

차 렌트할 때

Renting a Car

Scene 08

호텔에서

At a Hotel

Scene 09

카페 • 패스트푸드점에서

At a Cafe or Fast-Food Restaurant

Scene 10
식당에서
At a Restaurant

Scene 11
쇼핑할 때
Shopping

Scene 12

관광안내소에서

At a Tourist Information Center

Scene 13

환전소 • 우체국에서

At a Currency Exchange or Post Office

Scene 14

박물관 • 미술관에서

At a Museum or Art Museum

Scene 15
공연 • 스포츠 관람할 때
Watching a Show or Going to a Game

Scene 16
관광할 때
Sightseeing

Scene 17
다른 사람과 교류할 때
Talking with Others

Taking a Subway or Train

Scene 05

버스 탈 때

Taking a Bus

Scene 06

길 물어볼 때

Asking for Directions